THE CRITIQUE OF SOCIOLOGY

クリティーク社会学

# 経済の起原

大澤真幸

Masachi Ohsawa

岩波書店

クリティーク社会学

# 経済の起原

# 目　次

目 次

# 第1章　経済の起原をめぐる二つの問い

## 1　交換と生産——経済を定義する

人は、「価値あるモノ」を獲得し、生産し、その上で、それらを他者たちへと分配し、最後に消費する。「価値あるモノ」とは、その使用や消費によって人の欲望を満たす性能をもつすべてである。ここで、その「価値あるモノ」を社会的に分配する様式を、経済と定義しよう。欲望充足までの過程には、生産、交換(分配)、消費の三つの局面があるのだが、われわれがここで「経済」の領域として定義し、注目しているのは、第二の局面である。この局面に焦点を絞ることには、理由がある。

最後の一点であるところの消費を別にすると、二つの局面がある。その二つの局面、交換の領域と生産の領域の関係をどのように捉えるべきか。これが問題である。ここでまず、かつてレヴィ＝ストロースが論じていたことを念頭に置いておくとよい。社会は、三つの要素、すなわち物と身体(女)と言葉の交換のシステムとして概念化できる、と(Levi-Strauss 1949＝2000)。この提案が意味していることは、物の交換もまた、言葉の交換、すなわちコミュニケーションと類比的に捉えることができる、ということである。実際、物の交換にも——たとえば商品の売買にも——コミュニケーションとしての側面が、つまり最小限の自己言及が含意されている。要するに、交換の目的は、対象の取得にだけあるわけではなく、社会関係の構築そのものにもあるのだ。このように考えると、生産の局面と交換の局面との関係は如何、という問いは、生産とコミュニケーションの関係についての問いを含んでいることになる。

生産と交換（コミュニケーション）の関係については、大きく分ければ、二つの説が唱えられてきた。第一に、両者の相互的な独立を認めた上で、交換の領域に——規範的な——優位性を見る立場。この立場に属するのは、アーレントであり、そしてハーバーマスである。ハーバーマスによれば、生産に関わる労働は、効率性を規範的な目標とする道具的な理性に導かれており、したがって、高い効率を確立するための支配や制御に服することになる。それに対して、言語的な相互行為は、解放を規範的な目標としており、自由で合理的な討論や相互承認を目指している（Habermass 1968 = 2000, 1981 = 1985–87）。アーレントは、労働（生産）は、自然の物質代謝の論理に強く規定されており、人間の人間たる条件は、言語的なコミュニケーションの方にある、と捉えた。さらに両者——労働とコミュニケーション——の中間に、「仕事」がある、というのがアーレントの構図だ（Arendt 1958 = 1994）。

このような理論は、もう一つの立場に対する反発の産物である。その第二の立場とは、生産の方に優位を置く解決法であって、それは主としてマルクスに帰せられてきた。マルクス主義によれば、生産様式の違いこそが、交換やコミュニケーションの様式の違いを規定している（Marx

1859＝1956)。生産のための、さまざまな社会的な組織化や分業という形態で、である。仮に、コミュニケーションの領域が自律性の外観をもつとしても、それは、生産の領域に内在する敵対関係――「肉体労働」と「精神労働」の分化のような「疎外」の一形態――の産物だとされる。

だが、ここでは次のように提案したい。この第二の立場を逆転させて捉え直すべきではないか、と。すなわち、生産のための労働が、言語的なコミュニケーションとしての性格をも帯びた交換様式に規定されている、と見なすべきではないか。実際、そのような理論を構成した者がいる。マルクスをさらに源流に遡ったところに、である。ヘーゲルがその人である。『精神現象学』の「自己意識」の項に含まれるあの有名な議論(主人と奴隷の弁証法)によれば、誰が労働を担当するかは、承認をめぐる闘争の結果で決まる(Hegel 1807＝2018)。ここでヘーゲルは、生産に対する交換(相互主観性の領域)の優位性を主張していることになる。しかも、それは、ハーバーマスやアーレントが認めたような規範的な優位性ではない。論理的な優位性である。

交換様式の局面を「経済」と呼び、そこに議論の重心を置いたとき、われわれとしては、このヘーゲルの洞察に回帰した上で、これを継承している。柄谷行人が、マルクスの理論の中心に置かれていた「生産様式」ではなく「交換様式」に着眼して、「世界史の構造」を抽出したとき、やはり同じ認識に立っていると言えるだろう(柄谷 2010)。われわれの探究は、これを引き継ぐものでもある。

## 2 物々交換ではなく……贈与

今日、われわれは、必要なモノ、価値あるモノのほとんどを、商品交換によって得ている。貨幣を用いて商品（としてのモノ）を購入するという形式によって、である。商品交換の原初形態、その起原は何か。物々交換である……と一般には言われている。物々交換から、成熟した商品交換へはどのように変化したのか。その論理はシンプルだ。物々交換が成立するためには、「欲望の二重の一致」が必要になる。すなわち、私が欲する物を所有する他者が、まさに私が所有する物を欲していなくてはならない。この条件は、しかし、稀にしか満たされない。私が他者が所有する何かを欲していても、他者が私の所有物に関心をもつとは限らない。この不都合を克服するために、人々は、交換の媒体としての貨幣を発明した。私は、他者の所有物を得るとともに、その他者に貨幣を渡す。他者は、その貨幣によって、自分が欲しているモノを所有する別の他者から、そのモノを得ることができる。貨幣を用いた商品交換は、迂遠化された物々交換である。言い換えれば、貨幣による商品交換は、本質的には物々交換であり、貨幣はその潤滑油に過ぎない。経済学の教科書には、このような「物語」が記されている。

商品交換の源流は物々交換であるとするストーリーは、経済学にとって最も重要な「神話」である。近代的な意味での経済学の始祖アダム・スミスが、この物語を明示的に語っている（Smith 1776＝2000–01）。以降、経済学にとって、この神話は、創設的な意味をもつ物語となった。もっとも、スミスがひとりでこの物語を無から創造したと言ったら、それは言い過ぎである。スミス以前にも、このような神話へと方向付けられた議論を展開した思想家がいた。そもそも、アリストテレスが、『政治学』の中で、この神話の予兆になるようなことを語っている（アリストテレス 2018）。アリストテレスによれば、最初は家族は必要なものをすべて自分で生産する自給自足の生活を送っていたのだが、やがて、ある者は農業に従事し、ある者は酒造りに特化し、……といった具合の専門化が生じ、互いに交換し合うようになる。そこから貨幣が生まれたというのがアリストテレスの説であり、スミスの一歩手前にある。

いずれにせよ、商品交換は本来は物々交換であるという神話は、経済学を成り立たせている基本的な公理のようなものである。そのことは、今述べたような、単純化された「経済史」の物語にだけではなく、経済学の理論にもはっきりと現れている。たとえば、「セイの法則」がそれである。アダム・スミスより少し後の世代に属するフランスの経済学者、ジャン＝バティスト・セイの名を冠するこの法則は、「供給は自らに対する需要を創造する」という命題で要約される。つまり、「供給＝需要」という恒等式が成り立つ、というわけである。この命題は、物々交換で考えれば、自明に正しい。同じものが、交換当事者のどちらの観点から捉えるかで、供給としても需要としても捉えられる。つまり、需要と供給は同じものなのだから、この恒等式は一種のトートロジーである。この法則を商品交換にまで拡張するということは、貨幣が介入する商品交換を本質的には物々交換と変わらぬものと見なすことに等しい。

だが、後にあらためて論ずるように、経済学の原点となるこの物々交換の神話、商品交換は物々交換から生まれてきたものであり、商品交換は貨幣によって迂回された物々交換に過ぎないとする神話は、歴史的な事実としても、論理としても妥当ではない。物々交換から、やがて貨幣を使った商品交換が発生してきた、などという物語は、成り立たないのである。そのような事実は見出されず、また論理的にも混乱している。

それでは、市場における商品交換が支配的な交換様式として定着する前には、何が主要な交換様式だったのか。物々交換ではないとすると、何なのか。贈与が――しばしば双方向的な贈与が――一般的であった。これは、経済人類学的には常識に属することだろう。この分野の古典中の古典は、マルセル・モースの「贈与論」である。これは、北米先住民、ポリネシアやメラネシア等の民族、そして古代社会の儀礼的な贈与を比較研究した論文である。これらの無文字社会では、儀礼的な贈与の社会的な意味は大きく、極論すれば、人々は――とりわけ男たちは――贈与のために生きている、と言ってもよいほどである。

実際には、市場に国家も存在しないような原初的な共同体でも、商品交換の原始的な形態のように見える「物々交換」のごとき交換が行われていることは確かである。しかし、ほんのわずか観察するだけで、この種の交換から商品交換が発生してきたわけではない、ということが分かる。

第一に、無文字社会の原始的な「物々交換」は、一般には、後に会うことがほとんどないような――少なくとも継続的な関係を築くつもりがないような――よそ者との交流として執り行われるのが一般的である。物々交換から、貨幣を用いた商品交換が発生するという神話は、当事者たちの間で継続的で頻繁な交換が必要だった、ということを前提にしている。とすれば、原始的な物々交換が、そのまま商品交換へと直結しないことは明らかであろう。

第二に、原始的な物々交換はしばしば、儀礼的な贈与と似たやり方で執り行われる。交換に先立って、双方の陣営で饗宴が催されたり、双方が遊戯的・演技的に攻撃性をひけらかしたりするのだ。これらは、まさに儀礼的な贈与においてなされることがらである。ということは、物々交換自体がしばしば、贈与のコンテクストの中でなされているのである。つまり、それらも広義の贈与である。

さて、すると、二つの問いが浮上してくる。第一に、――物々交換から商品交換が発生してきたのではないのだとすると――、われわれはこう問わなくてはならない。贈与が支配的な交換様式から商品交換が支配する交換様式へは、どのように転換するのか。この転換の論理的なメカニズムはいかなるものなのか。事実的な歴史過程は多様で錯綜しているに違いない。しかし、ここで問いたいことは、そうした事実から抽出されうる――あるいはそうした事実を規定する――論理である。

第二に、より基礎的な疑問がある。そもそもなぜ、人は贈与をするのか。経済というものの原始的な形態は、贈与を骨格とする交換様式だとする。だが、それはなぜ、いかにして発生したのか。人間にとって、どのような意味で贈与は必然なのか。

まずは、これら二つの問いの意義を説明しておこう。

## 3　人間の条件——動物との対照で

二番目に挙げた、しかし、より基礎的な問いから考えてみよう。ここで、贈与というものを最も広い意味で捉えておきたい。つまり、誰から誰へと贈与されたと明確に定義しがたいケースもまた、贈与のうちに含めておく。共同体の一部のメンバーが獲得したモノが、とりたてて「贈与した」という自覚をもたずに共同体に直接に寄託され、その上で、そのモノを必要とするメンバーに分配され、与えられるようなケース、つまるところこれは、「能力に応じて貢献し、必要に応じて与えられる」というコミュニズムの原理なのだが、これもまた、贈与の最も原初的な形態に含めておく。

贈与をこのように広く捉えたとき、狩猟採集民を含む、あらゆる人間社会には贈与の行動が見出される。いや、むしろ次のように言うべきである。人類（ホモ・サピエンス）の最も原初的な生活の形態をそのまま残していると考えられる遊動的な狩猟採集民——彼らは中に十家族ほどを含む五十人規模のバンドで移動している——こそ、今述べたコミュニズム原理に近接した贈与の、きわめて忠実な実践者である。たとえば、ある男が、大型の動物を仕留めたとしよう。彼がそれを自分のモノだとか、自分の家族のモノだとか主張することは、絶対にありえない。もしそんなことを主張したら、彼は、バンドから間違いなく追い出されるだろう。獲物は、バンドの全員に分配される。その獲物を捕ってきた者の取り分が大きくなる、などということもない。

　人間社会のこの特質を、動物社会学のコンテクストの中に置いてみたらどうか。実のところ、人間以外の動物種では、ほとんど全くと言ってよいほど、贈与や分配のような行動は認められない。この場合、贈与・分配の対象として念頭に置かれているモノは、もちろん、食物である。食物を、他の個体に贈与したり、分配したりする動物は、ほとんどないのだ。そんなことはない、と反論する者もいるだろう。親鳥は雛鳥に給餌するではないか、と。だが、動物に見られる「分配」らしき行動は、鳥の給餌行動がその典型であるように、基本的には、直接の血縁者を相手にしたときや、生殖に関与する場面に限られているのである。親鳥は、自分の子にしか給餌せず、たとえ自分の子であっても、自ら餌を獲得できるほどに成長したならば、親は絶対に食物を与えたりはしない。生殖に関連した場面や直接の血縁者が相手であった場合の「分配」は、遺伝子の包括適応度の論理から簡単に説明できてしまう。生殖から独立した局面で、あるいは直接の血縁者が相手ではないケースで、食物を分配する動物種は、ほとんどない。

　今、われわれは繰り返し「ほとんど」という留保を付けている。そう、厳密に言えば、遺伝的に最も人間に近い二つの現存種、つまりチンパンジーとボノボには、きわめて萌芽的なものではあるが、食物を分配したり、互酬的に贈与したりする行動が認められるのだ。とはいえ、彼らは、人間から見ると、互酬的な贈与を通じて価値ある食物を得ることが、非常に「苦手」だと見える。ひとつの実験を紹介しておこう(Brosnan et al. 2008)。チンパンジーにリンゴを持たせておき、実験者である人間が、ブドウとの交換を「提案」する。チンパンジーは、リンゴかブドウかどちらか一方を選ばなければならないような状況では、圧倒的にブドウを好むことがあらかじめ確認されている(およそ八割のチンパンジーがブドウを選好する)。しかし、人間が自分のブドウと、チンパンジーのもつリンゴとの交換を提案しても、実際に交換が成立することはほとんどない(交換の成功率は二%程度)。交換する食物の選好の落差を大きくしていけば、交換が成立する確率は高まっていく。ブドウ(人間)とキュウリ(チンパンジー)の交換であれば、五割程度の確率で実際に成り立つし、ブドウとニンジンとの交換は、九十%以上の確率で実現する。ともかく、チンパンジーは、明らかに得る食物の価値が失う食物の価値より大きいことが分かっていても、必ずしも交換に応じない。人間から見ると、チンパンジーは、交換を十分に活用できていないように見える。

だが、繰り返せば、それでも、野生のチンパンジーとボノボは――頻繁ではないが――、子でもなければ、兄弟姉妹でもない他個体に対して食物を分配することがある。もっともチンパンジーの贈与・分配は、人間から見ると、かなり消極的である。つまり、他の個体に自発的・積極的に食物を与えているというより、その食物を他の個体が取ることを容認している、と記述した方が実態に近い。それゆえ、人によっては、チンパンジーが肉を分かち合う行動は、単に、「黙認された盗み」に過ぎない、とする(Issac 1978)。しかし、このような評価は事態の本質を逸している。他個体の手元にあった物を、平和裡に取ることができるのは、その他個体の容認に「贈与への指向」が含意されているからだ。

つまり、チンパンジーの贈与が人間の目からはかなり消極的に見えても、なおチンパンジーは、萌芽的な贈与の概念をもっている、と解釈することができる。彼らは、奪われるということが何を意味しているかをもちろん知っているが、それだけではなく、与えることとはどういうことなのかを理解している。このことを印象的に示す事実を、フランス・ドゥ・ヴァールは紹介している(de Waal 1996＝1998)。アカゲザルには、いかなる意味でも分配行動は見られない。そのアカゲザルに、彼らの好物であるリンゴを与えようとするとどうなるだろうか。実験者である人間は、リンゴを贈与しようとしている。しかし、アカゲザルは、好意でリンゴを差し出す人間を脅すようににらみつけ、うなり声を出しながら、その手からリンゴを奪う。アカゲザルは、他個体の手元にある食べ物を得る方法としてこれしか知らないからだ。つまり、アカゲザルは、贈与(される)という概念をもたず、彼らの選択肢の中に贈与に向かう行動がまったく入っていないのだ。もちろん、チンパンジーの場合は違う。チンパンジーは、同じ状況で、リラックスした雰囲気で、飼育係の手を咬むこともなく、リンゴを得るだろう。

何のために、こうした事実を紹介し、検討しているのか。それは、贈与の起原を探究することの意義を明確にするためである。確認すれば、人間以外の動物種では、食物を贈与する行動はほとんど見られない。ということは、贈与がいかにして可能か、と問うことは、人間の人間たる条件を解明することでもある、ということだ。進化の系統樹の上で最も人間(ホモ・サピエンス)に近い、大型類人猿の二種だけが、きわめて消極的ではあるが贈与への指向性をもった行動をとることがある、という事実は、問いの意義に関するこうした解釈を、さらに正当化することになるだろう。「贈与」は、動物との関連の中で、人間(ホモ・サピエンス)を特徴づけている何かなのだ。遺伝子の構成において人間(ホモ・サピエンス)にごく近い種だけが、わずかに贈与の兆候を示していることが、そのことを強く示唆している。

## 4 贈与の二律背反

さて、もう一つの問い、贈与を基軸とした交換様式から商品交換を中心にした交換様式への転換がどのように生じるのかという問いの意義や含意について説明しておこう。モースによれば、贈与は三つの義務の複合の産物である。三つの義務とは、与える義務、受け取る義務、そしてお返しの義務だ(Mauss 1924＝1973)。これらの義務が総合的に含意していることは、贈与は双方向的であることを、つまり互酬を指向している、ということである。一方が与え、他方が受け取ったとき、お返しの義務があるとすれば、贈与は互酬的なものになる。実際、ほとんどの贈与は互酬化され、AからBへの贈与があれば、BからAへの反対贈与(お返し)が生ずる。

すると、すぐに疑問が生ずる。互酬的な贈与は、実質的には、物々交換や商品交換と同じものではないか。そうだとすると、贈与を中心におく交換様式から商品交換が支配的であるような交換様式への移行は、直接に果たされてしまい、特別な説明を必要としないのではないか。しかし、そうではない。

なぜなら、互酬化されうるとしても贈与は、商品交換や物々交換と質的な相違があるからだ。モノの移動の軌跡が同じだとしても、互酬的な贈与をそのまま物々交換や商品交換と同一視することはできない。どう違うのか。第一に、商品交換においては、「所有権」がまるごと交換されるが、贈与においては、モノが移動しても、「所有権」はなお贈与者に帰属しているように見えるのだ。贈与において移動するのは、「使用権」のみである。この点は、次のことを思うとすぐに分かる。購入したモノであれば、それをさらに転売しても何の問題もない。モノの所有権は、購入した者に属しているからだ。しかし、誰かから贈られたモノを勝手に転売したら、とんでもない非難を受けるだろう。贈られたモノは、なお、究極的には贈った人に属しているからである。

第二に、互酬的な贈与は二つの行為からなるが、商品交換、つまり売買は単一の行為である。互酬的な贈与は、二つの贈与を足し合わせたものである。商品交換はそうではない。売りと買いは単一の行為であって、「売り」だけで、あるいは「買い」だけで自立することはない。買い手が商品を受け取っても、貨幣の支払いをすませてなければ、取引は未了である。買い手が支払っても、商品を受け取っていなければ、売買は成り立っていない。贈与の場合は違う。一方から他方へと貴重なモノが贈られれば、たとえばお返し(反対贈与)がなされていなくても、贈与としては成立している。

その証拠に、贈与者は相手に対して、公然と、あるいは正当に、お返しを要求することはできない。彼は、お返しを期待しているかもしれないが――たいていそうだが――、しかしお返しを請求してはならないのだ。売買の場合は、もし貨幣を支払ったのに商品を受け取っていなければ、買い手は売り手に商品をよこすようにと要求することができるし、またそうすべきなのだ。贈与の場合は違う。いくらお返しを切実に望んでいても、それを正当に要求することはできない。それどころか、お返しの要求は、恥ずべきこと、はしたないこと、むしろ悪いこととさえ見なされているのである。このように、互酬的な贈与と商品交換は、モノの移動にだけ着目すると似ているが、互いに根本的に異質である。すると、交換様式の間の転換を説明するということは、このような「質」の変容がどのようにして生じているかを解明することを含んでいる。

それにしても、贈与には不可解な両義性があることが分かる。一方で、贈与には、互酬性を求める強い傾向があるので、ほとんどの場合、お返しの贈与がなされる。しかし、他方では、贈与と反対贈与(お返し)は、それぞれ自立しようともしている。一般に、最初の贈与と反対贈与とは、時間的に隔てられていなくてはならない。もし贈与に対して、間髪を容れずにお返しがなされたらどうなるか。マーシャル・サーリンズが述べているように、即座のお返しは攻撃的な意味をもち、社会関係に破壊的に作用する(Sahlins 1974＝2012)。したがって、最初の贈り物とそれへのお返しとの間に経過した時間が物理的・客観的にはごく短い場合でも、当事者たちは、確かにその間に「時間」があった、両者の間には隔たりがあった、ということをことさらに意識し、強調する。商品の売買は逆である。たとえば信用取引のように、支払いが、商品の受け取りからずっと遅れる場合でも、論理的には同時であったという擬制が維持される。

だから、贈与には謎がある。一方では、贈与には、明らかに互酬性へと向かおうとする強い傾向がある。しかし、他方では、贈与は、互酬化されることを回避しようとしているように見える。つまり、贈与は、互酬性を求めかつ拒否している。どうして、贈与に関しては、人は、互酬的であるべきだとする強い当為の意識をもっているのに、互酬性が直接的で純粋であってはならないのか。

## 5　二種類の物神性

ここで今述べていること、すなわち「贈与をベースにした交換様式と商品交換をベースにした交換様式」の間の関係をめぐる問いの意義を、マルクスが『資本論』で述べていることを参照することで、さらに詳らかにしておこう。ここで有用なのは、商品の物神性をめぐる議論である。商品の物神性についての標準的な説明は、人間同士の関係が物(商品)同士の関係として現れることだと説明される。しかし、この説明は正確とは言えない。物神性とは、直接的には、錯綜した関係の効果が、関係の中の一要素の性質として誤認されることである。たとえば、われわれはこの商品の価値はどのくらいだ、等という。しかし、商品の価値は、商品たちの間の社会関係の——とりわけ商品と貨幣の——関係の効果である。それなのに、われわれは、商品そのものの直接の属性であるかのように、その価値を見てしまう。この錯覚を物神性と呼ぶ。

ところで、興味深いことは、マルクスが、脚注を使って、「人間同士の関係」と「物同士の関係」との間にある類比性に注目していることである。まずは、スラヴォイ・ジジェクによる解釈を参照しながら、このことの重要性を示しておこう(Žižek 1989＝2015)。たとえば、「単純な価値形態」について、マルクスは、次のように説明する。よく知られた議論だが、再構成しておこう。ある商品「リンネル」は、単独では自分の価値を実現し、表現することはできず、他の商品——たとえば「上着」——と関係しなくてはならない。ここで、後者の商品「上着」は、前者の商品「リンネル」と等価関係に置かれることになる。この関係において、「上着」の自然的な属性――つまり上着の使用価値やモノとしての経験的な特性――が、「リンネル」にとって等価形態として機能している。要するに、「上着」は、「リンネル」にとってその価値が何であるかを示す鏡である。この点について、『資本論』には、次のような有名な注が付されている。

見ようによっては人間も商品も同じことである。人間は鏡をもってこの世に生まれてくるものでもなければ、私は私である、というフィヒテ流の哲学者として生まれてくるのでもないから、人間は最初はまず他の人間のなかに自分を映してみるのである。人間ペテロは、彼と同等なものとしての人間パウロに関係することによって、はじめて人間としての自分自身に関係するのである。しかし、それとともに、またペテロにとっては、パウロの全体が、そのパウロ的な肉体のままで、人間という種属の現象形態として認められるのである(Marx 1867 = 1972: 102)。

ここで、「リンネル」に対して別の商品として呼び出された「上着」は、ただ、「リンネル」がそこに鏡を求めて関係している限りにおいてのみ、等価形態たりえている。しかし、「リンネル」にも「上着」にも、事態はそのようには見えていない。「上着」はそれ自体で、つまり「リンネル」との関係とは独立に、「等価形態」という機能をもっているかのように見えているのだ。言うまでもなく、この等価形態こそが、マルクスの考えでは貨幣の前史、貨幣の原初形態である。

ともかく、「上着」が等価形態であるのは、「リンネル」との関係の「反省規定」(「上着―リンネル」の関係が上着にはね返ること)なのだが、そのことは、「リンネル」にも「上着」にも見えてはいない。「上着」の等価形態であるという性質は、「リンネル」との関係からは独立の自然の属性のように立ち現れているのだ。この点について、またしても、マルクスは人間同士の関係と類比させ、次のような注を付している。

およそこのような反省規定〔ヘーゲル…大澤注〕というものは奇妙なものである。たとえば、この人が王であるのは、ただ、他の人々が彼にたいして臣下としてふるまうからでしかない。ところが、彼らは、反対に、彼が王だから自分たちは臣下なのだと思うのである(Marx 1867＝1972: 111)。

彼が「王である」という性質は、ほんとうは、王と臣下の社会関係がもたらした産物である。しかし、その人物に本来的に「王」というカリスマが備わっていると、関係に内属している者たち――つまり王と臣下たち――には見えている。この錯覚は、まさに「物神性」である。ここまでは、マルクスが述べたこととの確認だけだ。それによれば、二種類の物神性の間に並行性がある。二種類とは、商品(モノ)同士の関係の中で生ずる物神性と人間同士の関係の中で生ずる物神性だ。両者の類同性についてのマルクスの指摘は啓発的であると同時に、ミスリーディングでもある。ミスリーディングであるとは――ジジェクが述べていることだが(Žižek 1989＝2015)――、二種類の物神性の間に同じ形式が見出されるとしても、商品交換が支配している社会――つまり資本主義――では、商品の間でも人間の間でも同じ物神性が成り立っている、というわけではないからだ。マルクスが、商品の価値関係の隠喩的な参照例として、前近代の王と臣下の関係を引いていることに注意しなくてはならない。商品の物神性と人間の物神性の間には、むしろ、背反的な関係があるのだ。

このことは、現在のわれわれ自身のことを反省してみるだけですぐに分かる。商品交換が支配している資本主義社会では、人間同士の関係には物神化など生じてはいない。賃労働者は、資本家や雇用主が、「王」のような神秘的なアウラやカリスマをもつから、彼らに従っているわけではない。賃労働者も資本家も、彼らがそれぞれその地位にあるのは、両者の間の関係の結果、つまり両者の間の自由な契約の結果であることを、はっきりと自覚している。賃労働者は、資本家に高貴なものを見ているわけでもないし、資本家を尊敬しているわけでもない。労使関係は、両者の間の利害打算、功利主義にのっとった合理的な計算の結果である。

ならば、資本主義社会では、物神性はもはや存在しないのだろうか。そうではない。そこにこそ、マルクスの議論のポイントがある。物神性は、今や商品同士の関係にある。人間の意識のレベルで見るならば、今見たように、物神性はない。しかし、商品同士の関係だけを純粋に観察するならば、資本主義以前の社会、前近代社会において人間同士の関係のうちに見られるのと正確に同じ形式の物神性が働いているのである。商品は、それ自体に――関係から独立した――内在的な価値があるかのように扱われ、そして、等価形態(貨幣)は、まるで王のように――それ自体にもともと尊重されるべき価値があるかのように——商品たちにかしずかれている（貨幣それ自体に価値があるかのように、もっぱら貨幣を得るために商品が売られる）。もう少し慎重に言い換えれば、次のようになろう。商品のような物に「精神」が宿っているわけではないので、商品交換（売買）の関係に入っている限りにおいて、人は——脱物神化した醒めた意識とは裏腹に——、無意識のうちにまるで商品や貨幣を物神崇拝しているかのようにふるまってしまうのだ。ここでは、意識と（商品交換という行動のうちに現れる）無意識の間には逆立の関係が生じている。

それゆえ、整理すると——ジジェクも述べているように——二種類の物神性は、互いに互いを排除するような関係にある。資本主義社会では、商品の物神性はあるが、しかし、人間同士の関係は脱物神化し、合理化されている。それに対して、資本主義以前の伝統社会では、マルクスが「主人と臣下」で例示したような、人間同士の関係の物神性があるが、市場向けの商品として生産される物は全生産物のごく一部に過ぎないので、商品の物神性はまだ発達していない。すると、こんなふうに見えてくるはずだ。人間同士の関係が脱物神化（脱呪術化）したことの代償として、商品関係が物神化した、と。

ところで、人間同士の関係の物神性とは、もっと普通の語彙で言い換えれば、「支配—従属」の関係である。先に引いた『資本論』の脚注から、この点はすぐに理解できるだろう。「支配—従属」の垂直的な関係は、「贈与」と結びついている。というのも、贈与の関係は、負債（お返しを済ませていない状態）の感覚を媒介にして、支配—従属の関係を基礎づけるからである。厳密に言えば、贈与は、互酬性への指向を通じて、逆の平等化の作用も発揮する。だが、それゆえにこそ、贈与は、支配―従属の関係をも形成する。いずれ説明することになるが、平等化に失敗したり、平等化の作用が失調したときには、贈与は逆に、支配―服従の関係やヒエラルキーを構成する原因となる。

人間同士の関係の物神性(支配と従属の関係)の基底には、贈与(と負債)がある。このことを念頭におくと、贈与を中心にした交換様式から商品交換が支配する交換様式への転換はいかにして生ずるのか、という問いは、物神性が出現する場所の転換はなぜ生ずるのか、という問いでもあることが分かるだろう。人間関係における物神性を排除すると、物神性は、商品関係の領域で出現する。物神性の焦点となる部位は、どうしてこのように転換するのだろうか。われわれの問いは、このような疑問をも含んでいる。

## 6 正義の原型?

先ほど述べたように、贈与は、互酬性への強い指向性によって支配されている。それゆえ、贈り物を受け取った者は、お返しを終えるまでの間は、負債の感覚をもち続けることになる。与えられた物と等価と見なしうるお返しをしない間は、負債感は消えない。この事実を念頭に置いた上で、われわれが設定した問いは、倫理(学)の最も基本的な問題とも結びついている、ということをこの章の最後に述べておこう。

互酬こそが正義の原型(poetic justice)であると考えられている。逆に言えば、負債こそが罪そのものである。ポジティヴな価値をもったモノをもたらした者は、ポジティヴなことによって報われるべきだし、ネガティヴな価値をもつモノをもたらした者は、それに相応した罰を受けなくてはならない。こうした互酬性が満たされているとき、人は正義が実現したと満足する。そうした互酬性が実現しておらず、負債を負ったままの人には罪がある、と見なされてきた。

互酬の均衡に正義があると見なした哲学者や思想家はたくさんいる。これは、われわれの常識に準拠したものなので当然だ。そのような哲学者・思想家の中で最も重要なのはニーチェであろう。ニーチェは互酬的均衡としての正義について体系的に論じている。たとえば、『道徳の系譜学』(1887＝2009:124–5)によれば、互酬的な交換である売り買いが、すべての人間関係の形式を規定している。「負い目という感情や個人的な義務という感情は……もっとも原初的な人格的な関係に根ざすもの」である、と。ニーチェはさらに、「値段をつけること、価値を測定すること、同等な価値のあるものを考えること、交換すること――これらは人間のごく最初の思考において重要な位置を占めていたものであり、ある意味では思考そのものだったのである」(傍点原文ママ)とまで言っている。「買うことと売ること、およびそれに付随する心理的な要素は、あらゆる社会的な組織形式や結びつきの端緒よりもさらに古いものである」という断定も、ほとんど根拠も証拠もない、と言わざるをえない。

このように、贈与と商品交換の両方でその実現が目指されている互酬性は、しばしば、正義の範型のように見なされてきた。だが、奇妙なことがある。人は長い間、そしてときには今日でも、「金を貸す人間」は邪悪な人物の典型であるかのように考えてきたのだ。もし負債こそが罪の中の罪であるとすれば、貸す者には何の問題もないはずだ。逆に借りながら、まだ返していない者こそが悪い。それなのに、金貸しは、いつも悪人である。

世界文学や民間説話を振り返ってみるとよい。金を貸す善人が描かれていたためしがない。『ヴェニスの商人』のシャイロックのように、金を貸す者は常に邪悪な側にいる。考えてみれば、この戯曲で、負債を清算していないのは、ヴェニスの貿易商人のアントーニオの方なのに、彼は善人として描かれている。『罪と罰』では、金貸しは被害者であって、罪を犯すのは苦学生のラスコーリニコフだが、読者は、ラスコーリニコフによって殺されたのが金貸しであることで、少しだけ安心しているはずだ。あんなババアは殺されても仕方がなかったんだ、と。金貸しは悪人だという描写は、互酬に正義があり、負債が罪の原点であるという了解と矛盾する。

こうした負債や互酬性の倫理的な価値に関する、われわれのこうした両義的な態度は、どのように説明されるのか。すぐに気づくだろう。この両義性は、贈与についての二律背反と対応していることに、である。一方で、贈与は互酬性を実現しようとしている。他方で、贈与は互酬化されることを回避しようともしている。この贈与の引き裂かれるような性格と、正義についての感覚の両義性は対応している。

負債・互酬の倫理的な評価のこうした両義性を直接に体現しているのが、(いくつかの)世界宗教であろう。世界宗教は、互酬が貫徹している状態を理想とし、また正義と見なしている。しかし、同じ世界宗教が、他方では、互酬性を批判してもいる。デヴィッド・グレーバーは、世界宗教は、「市場への怒号」である、とさえ述べている。ここで「市場」とは互酬的関係が一般的に成り立っている状態を指している(Graeber 2011＝2016)。典型的な二つの例によって、この点を見ておこう。

たとえば、仏教である。仏教が前提にしている輪廻の世界は、「因果律」に支配されている。この「因果律」は、厳密な互酬性のことである。善業《ぜんごう》は幸福によって、悪業《あくごう》は苦難によって報いられる。だが、仏教は、この互酬的な法則が貫かれている輪廻の世界に身を任せるように説いているわけではない。逆である。輪廻の生の領域からの離脱(解脱)こそ、仏教の至高の目標だ。したがって仏教は、互酬性を肯定し、かつ否定している。

これよりもっと極端なのは、キリスト教である。聖書は、金融取引の言語を多用している。キリスト教の教えは、互酬性を正義とする倫理に立脚しているように見える。そのことが最も強く表現されているのが、キリストの磔刑死を、人類のための「贖罪 redemption」とする解釈である。「贖う redeem」とは、もともと、借金のかたにとられていたものを取り戻すことであり、要するに負債をすべて清算することだ。

しかし、他方では、キリストは、互酬的な関係性の乗り越えをも説いている。彼は、正義のために互酬的な均衡を回復しなくてはならない、とする常識を戒めた。たとえば、「目には目を」とは言わずに、「もし、誰かがあなたの右の頰を打つなら、左の頰をも向けてやりなさい」(マタイ福音書五章)と教えたのだ。もし隣人愛が「汝の敵を愛すること」であるとすれば、それは互酬性の完全な否定である。

キリスト教における互酬性の否定が最も強くなるのは、この同じ論理が最も徹底的に肯定されている場面において、である。つまり、キリストの贖罪死の解釈においてである。今述べたように、贖罪は、負債の完済を意味しており、ここでは互酬的均衡の論理があらん限りの力を尽くして肯定されているように見える。だが、その負債は、誰から誰へと返済されたのか。負債を負っているのは人間である。そして、これを返したのはキリストである。では誰に対して返されたのか。神に対して、でなくてはなるまい。だが、おかしいではないか。キリストこそが神なのだから。ここで、負債を清算して互酬的な均衡を回復することが罪を消去したことになる、とする論理が失調し、脱構築されている。仏教の場合は、互酬性の肯定と否定を、異なる水準——輪廻と解脱——に振り分けることで共存させていた。しかし、キリスト教は、同じ一つのことをめぐって、互酬性は肯定され、同時に否定されている。

互酬的な関係性こそが正義の原点であるとする感覚には、何か根本的な混乱がある。どうして、こんな矛盾が生ずるのか。そもそも正義とは何なのか。経済の起原をめぐる探究は、こうした主題への挑戦を必然的に伴うことになる。

# 第2章　貨幣論再考

## 1　石貨の島

南太平洋、グアムとパラオを結ぶ線の上――両者の中間点よりわずかばかりパラオに寄った場所――に、ヤップという孤島がある(現在は、ミクロネシア連邦のヤップ州となっている)。一九〇三年、当時ドイツ領だったヤップ島に、アメリカの人類学者ウィリアム・ヘンリー・ファーネスが二ヵ月ほど滞在した。七年後、ファーネスは、この島の自然や島民の生活様式を記した本を出版した(Furness 1910)。ファーネスが「一日で歩いて回ることができる」と書くほど小さな島の人口は、わずか数千人。彼らの社会構造や神話にも文化人類学者や社会学者を刺激する興味深いことがたくさんあったが、ファーネスを最も驚かせたのは、彼らの経済システムだった。

ヤップ島の市場で取引されている商品はたった三種類しかなかった。魚とココナツ、そしてナマコである。ナマコは、島民にとって唯一の贅沢な食品だった。美術品や工芸品のようなものもほとんどなかったし、唯一の家畜はブタだが、頻繁に取引される対象ではなかったようだ。これほど商品が乏しいとすれば、そして食物や衣類などの必要物はたいてい周囲の木々から直接得ることができるのだから、この島にはせいぜい初歩的な物々交換がある程度であろう、とファーネスは予想していた。しかし、この予想は完全に外れることになる。

ヤップ島には、複雑な貨幣システムがあったのだ。この島の経済には、まぎれもない貨幣があった。「まぎれもない」というのは、文字通りの意味で、貨幣はまことにあからさまなやり方で、人目に晒されていた。その貨幣は、硬貨以前の硬貨――というか石貨であった。自然の石がそのまま使われているわけではなく、きちんと刻まれ、一定の形をもたされた石の貨幣である。「フェイ」と呼ばれるその貨幣は、大きく硬く厚い車輪状の石である。つまり超大型の石の五円玉だと考えればよい。小さいもので直径一フィート(三十センチメートル)、大きいものは直径十二フィート(三メートル半以上)にもなったという。石の真ん中の穴の大きさは、石の直径に依存していた。というのも、その穴には十分な強度と太さのある棒を挿入し、その石の貨幣を運ぶことができる、と想定されていたからである。

この石貨は、ヤップ島の石から造られたものではない。ファーネスが島民から教えられた言い伝えによれば、はるか昔に石はバベルダオブ島から切り出され、ヤップ島に運ばれたものである。バベルダオブは、パラオ群島の最大の島である。石貨のもとになる石は、海によっておよそ五百キロメートル隔てられた別の島から来たことになる。石貨の価値は、主として大きさに依存していたが、ほかに粒子のきめ細かさや石灰岩の白さなどにも規定された。

一見、これほど貨幣に不適切なものはない。交換に使用されるということであれば、貨幣は持ち主の間を次々と移動しなくてはならない。しかし、フェイという重い石貨は、この島の他のどの商品よりも持ち運びに不都合だ。そこで、ファーネスは最初、盗難防止のためにこんな扱い困難な物を貨幣としたのではないか、と推測した。確かに、ナマコが欲しい者は、フェイを盗むくらいだったら、直接ナマコを盗むに違いない。実際、フェイの盗難事件はほとんどなかった。

が、やがてこの推測の前提自体が誤っていることが分かってくる。先に述べたように、フェイは、真ん中に穴が空けられており、持ち運ばれることが想定されている。それにもかかわらず、実際にフェイが、一つの家から別の家へと物理的に運搬されることは稀だったのである。取引は頻繁に行われたが、取引によって生まれた負債は典型的には、単純に——売り手の側のもっている負債との間で——相殺された。それでも(どちらかに)負債が残るのが普通だが、問題はなかった。というのも、将来なされるだろう——つまり予期されてはいるが実現していない——交換を含めて、均衡が計算されていたからである。

当事者たちが、未払い分の決済が必要だという感覚をもつときもあるのだが、その場合でさえも、フェイ自体が物理的に交換されることは通常はない。どう対処するのか。ファーネスの記述から判断すれば、所有と占有との原初的な区別が、すでに効いている。つまり、石貨の所有者は、必ずしも、その石貨を占取すること、つまり石貨を手元に置くことに執着しない。大口の取引が成立したとき、フェイの新しい所有者は、そのフェイに対する彼の所有権が、取引相手から、そして共同体の仲間から承認されれば、十分に満足し、それ以上のことは求めない。ファーネスによれば、交換がなされても、所有者が変更されたことが石貨に刻まれることもなく、たいてい、石貨はもとの所有者の土地に放置されたのだ。

これではどのフェイが誰の所有物なのか分からなくなり、混乱するのではないか、と心配になる。が、それは無用のことらしい。もっとはるかに驚くべきことが成り立っているのだ。ファーネスのインフォーマントは次のようなことを語っている。村の近くに住むある家族は、異論の余地のない莫大な富をもっているのだが、村の中の誰一人として――実のところ当の家族自身でさえも――その富を実際に自分の目で確認したり、手で触れたりしたことはなかった。どういうことか。その富とは、具体的には、法外な大きさをもつフェイである。ならば、簡単に見られるはずではないか。だが、その大きさは、ただ伝承によってのみ知られているだけだという。なぜなら、そのフェイは、二〜三世代前からずっと、海底に沈んだままなのだから。

何十年も前のはるかな昔――当時の村人が生まれるよりもずっと前ということになる――、バベルダオブ島からの輸送の途中に、このフェイを載せた舟は嵐にあって難破した。……ということになっており、島民はみな、その話を認めている。そして彼らはこう言う。偶然の事故でフェイが沈んでしまったことについてあれこれ文句を言っても仕方がない、と。たまたま海底に置いてあるということは、フェイの市場価値をいささかも毀損しない。「石貨の購買力はそのまま維持されており、あたかも所有者の家の壁にはっきりと外から見えるように立てかけられてあるかのごとく価値をもっていた」(Furness 1910: 97)。

ヤップ島の経済についてのファーネスの以上のような報告は、出版から五年経ったときに、若きケインズの目にとまった。ケインズが見るところ、通貨についてのヤップ島民の観念は、他のどの国のそれよりも真に哲学的である(Keynes 1915)。最近では、資産運用会社のエコノミスト、フェリックス・マーティンが、ベストセラーにもなった独自の貨幣史『貨幣――非公認の伝記』(邦題『21世紀の貨幣論』)の冒頭で、この事例を引いている(Martin 2013 = 2014)。

われわれは前章で、探究の目標として、二つの問いを提起した。そのうちのひとつは、贈与が支配的な交換様式から、商品交換が支配的な交換様式への転換は、いかにして――どのような論理に媒介されて――生ずるのか、というものであった。商品交換は貨幣によって可能になる。とすれば、この問い――贈与交換から商品交換への転換をめぐる問い――は、貨幣の(歴史的ではなく論理的な意味での)起原についての問いでもある。貨幣はいかにして可能だったのか。今、ファーネスの報告によって知られているヤップ島の貨幣経済をいささかていねいに紹介したのは、ここに貨幣の原初的な姿が現れていると考えられるからだ。

## 2　戦争のような物々交換

経済学によれば、貨幣の機能は三つである。第一に、交換の媒体、第二に、計算の単位、そして第三に、価値の蓄蔵。三つのうち最も重要なのは、第一の機能である。他の二つの機能は、その第一の機能を前提にして初めて成り立つ。そのような機能をもつ貨幣は、いかにして生まれたのか。経済学の通説は――というより一般の常識は――物々交換から、というものだ。物々交換に随伴する困難、欲求の二重の一致が稀にしか実現しないという問題を克服するために貨幣は生まれたのだ、と。この通説=常識が成り立たない、ということは、すでに第1章で暗示しておいたことだが、ここできちんと確認しておこう。
すでに、今しがた見たヤップ島の経済システムが、物々交換からの貨幣の誕生という説を斥けるに十分な実例になっている。通説によれば、貨幣は、物々交換を成り立たせるための補助的な手段である。そうであるとすれば、商品の種類が少なく、欲求の二重の一致が高い蓋然性で成り立つような状況であれば、貨幣なしの物々交換が行われていなくてはならない。主要な商品が三つしかないヤップ島こそ、まさにそのようなケースでなくてはならなかったはずだ。ところが、すでに、ヤップ島の経済は貨幣をもっている。この貨幣は、物々交換の不都合に対処する装置ではありえない。通説＝常識が想定している「不都合」など、ヤップ島の経済にはなかったはずなのだから。

通説＝常識を実証するためには、純粋な物々交換によって構成されている経済を見つけなくてはならない。だが、デヴィッド・グレーバーは、こう言い放っている。「数世紀にもわたって研究者たちは、この物々交換のおとぎの国を発見しようと努力してきたが、だれひとりとして成功しなかった」(Graeber 2011＝2016: 45)。

厳密に言えば、物々交換らしきものがまったく存在しないわけではない。その物々交換すら、通説＝常識が想定しているものとはまったく異なった様相を呈している。つまり、その物々交換には、「交換の媒体」としての貨幣を生み出すポテンシャルが孕まれてはいない。ヤップ島の例とは対照的なケースをも見ておこう。ヤップ島は、直接の物々交換が十分に可能なはずなのに、すでに貨幣によって交換がなされてしまっていたわけだが、次の事例は、逆である。つまり、外見上、物々交換に見えるものが実行されてはいるが、経済学者が想定しているような意味での、貨幣への飛躍を予感させる要因が、いささかも見出せないのだ。

それは、レヴィ＝ストロースが伝える南米（ブラジル）のナンビクワラ族の場合だ（Levi-Strauss 1943, Greaber 2011＝2016: 46–8）。ナンビクワラ族は、狩猟採集民で、きわめて単純な社会を営んでいた。つまり、彼らの共同体には、性別にもとづく分業を別にすれば、分業的なものはいっさい見られない。彼らはおおむね百人程度の──ほぼダンバー数（脳の大きさから推定される集団の規模）に近い人数の──バンドを組織して遊動している。物々交換を思わせる交易が執り行われるのは、あるバンドが、自分たちのすぐ近くに別のバンドの焚き火を発見した場合である。

バンドは、相手のバンドに、まず特使を送る。交易を目的とした会合を開催したいとの意向を伝えるためである。提案が受け入れられると、バンドは女・子供を森の中に隠した上で、相手のバンドを野営地に招く。それぞれのバンドの首長が儀式的な演説をする。演説の内容は、相手のバンドを賞賛し、自らのバンドを卑下するものである。この演説の交換は、そのあとの実質的な交易にかかわる互いの言い合いの伏線になっている。ある個人が、相手のバンドの誰かがもっている物を欲したとすると、彼はそれがいかによいかをまくしたて賞賛する。逆に、ある男が自分のもつ物品を大切にしていて、それを与えたときには高価な物を得たいともくろんでいたときには、例えば相手が自分のもっている斧を欲しがっていたときには、決して、自分の物品の価値を誇ったりはせず、逆に、それがいかにつまらないもので──例えば斧の切れ味がとても悪いなどと言って――、それだからこそとても人に与えることはできない、自分はそれを保持しておきたい、と主張する。また、交易に先立って、両方のバンドは武器をおいて、一緒に歌い踊る――ただしその踊り自体が、戦争を擬態しているのだという。

狙いを定めた相手の物品を褒めそやし、相手が欲している自分の物品を貶めるという言い合いは、怒りに満ちた口論のような調子で続けられる。そして、ある瞬間に合意に達するわけだが、合意かどうかの見定めは、当事者たちにとってさえも難しい。というのも、その合意は、むしろ決裂の外見をとっているからだ。すなわち、合意に達するや、それぞれの側は、相手が手にする物品をひったくることになっているのである。どちらも、決して、自分の物品を相手に手渡したりはしない。そのため、ときどき「合意」の見極めをまちがうことがあるらしい。あまりに早く相手の物品を奪ってしまい、口論がほんものの喧嘩に転ずることもある、とレヴィ＝ストロースは記している。

この取引の全体は、二つのバンドが一緒の大宴会で締めくくられる。このとき、隠れていた女たちが出てくる。しかし、ここで安心してはならない。女をめぐる抗争が勃発することがあるからだ。ときに人が殺されることさえあるという。

以上が、ナンビクワラ族の取引の様子である。これは、「欲望の二重の一致」をもたらすような貨幣を用いた商品交換への発展の端緒と見なすことができるだろうか。できない。次の二つの理由で、である。第一に、これは、よそ者同士の偶発的な一回的な出会いをベースにした交換であって、反復性や継続性への意志がまったく見られない。多数の物々交換の中から貨幣が生まれるだろうという説明は、親密な者たちの間で、長期間、何度も繰り返し、継続的に交換がなされるということを前提にしている。しかし、このナンビクワラ族の物々交換は、よそ者同士の偶発的な出会いであることに充足している。これは、貨幣の苗床になるような物々交換ではありえない。

第二に、この物々交換は、(貨幣を用いた)商品交換よりも圧倒的に、より原初的な交換様式である互酬的な贈与、つまり贈与交換の方を向いている。レヴィ＝ストロースによる記述から明らかなことは、ナンビクワラ族のこの物々交換は、非明示的に合意された奪い合いである(明示的に合意されてしまえば、奪われたことにならないので)。奪うことと与えること、あるいは奪い合うことと与え合うことは、正反対のことのように見えるが、むしろ、表裏一体のこと、ほとんど同じことである。与える場合も奪う場合も、価値あるモノが一方的に移動するところにまずは本質がある。互酬化される場合でも、それは、それぞれに独立した一方的な移動の合算と見なさなくてはならない(第1章第4節参照)。惜しみなく与えることは、惜しみなく奪うことでもある。同じモノの移動を、始点から見れば「与えること」であり、終点から捉えれば「奪うこと」になる。奪い合いのような様相を呈するナンビクワラ族のこの交易は、贈与交換の形式をとっており、ここには商品交換の形式へと向かう要素は見られない。

与えることと奪うこととの間の表裏一体性は、協力することと戦争することとの間にきわめて近い関係があるということをも暗示している。今紹介したナンビクワラ族の交易は、全体として、戦争を擬態しており、実際に、戦争になってしまうこともある。与えるモノが、受け手にとってプラスの価値をもっていれば(本来の)贈与だが、マイナスの価値をもっていれば戦争になる。ナンビクワラ族の例では、したがって、祝祭的で友好的なムードに包まれていても、二つのバンドは本来的にはむしろ敵同士である。とするならば、ここから、貨幣が直接に生まれたと説明することはできない。商品交換は、両陣営が、最初から協力的なパートナーであることを前提にしているからである。

## 3 貨幣のトートロジー

物々交換から貨幣が生み出されたということを裏付ける経験的な証拠はない。この命題は実証的な根拠を欠くだけではない。それ以前に、貨幣の発生についてのこの通説=常識は、論理的にも辻つまが合わないのだ。欲求の二重の一致が必ずしも成り立たないという不都合に対処するものとして貨幣が生まれたのだとすれば、貨幣は、誰にも必要な商品、任意の人の欲望の対象になるような商品であることが望ましい。仮にそのような商品がないとすれば、少なくとも、最も多くの人に求められているモノ、日常的な必需品に近いモノこそが、貨幣として選ばれる蓋然性が最も高いということになる。

そうだとすると、直ちに次のことが問われるだろう。それならば、まさにその最も広く必要とされているモノを買うときにはどうしたらよいのか。何で支払えばよいのか。例えば、それがサンマだったとして、サンマを買うときにサンマで支払うのか。

これに対しては、次のような反論がありうるだろう。誰もが欲しがるようなそのモノは、誰もが貯蔵し、すでに持っているのだ、と。しかし、「墓穴を掘る」とは、まさにこのような反論のためにある表現だ。すでに十分な量だけ手元にあるのだとすれば、もはやそれ以上、欲しないということではないか。ならば、どうして、「それ」を(貨幣として)受け取るのか。もともと、最も広く欲望されている対象が貨幣となる、という前提が、ここで否定されてしまっているのである。それゆえ、繰り返し述べれば、物々交換から貨幣が発生することはない。

こうした矛盾を避けるためには、まずこう考えなくてはならない。貨幣は、すなわち支払いの手段として使われるモノは、(そのモノとしての性質を理由とする)欲望の対象であってはならない、と。貨幣が欲望されるとすれば、それは支払い手段として使用可能だからであり、それ以外の理由があってはならない。もともと別の理由によって欲望されていたものが、いつの間にかに貨幣に転じたりはしない。そうだとすると、疑問はこうなる。貨幣が、誰にとっても本来は欲望の対象ではないのだとすれば、どうして、それが支払いに使用できるのか。つまり、商品の所有者は、どうしてそれを受け入れ、まさに支払いが実現するのか。どうして、人は、支払いを受け、貨幣を――本来の欲望の対象ではないそのモノを――受容し、貴重な商品を手放すのか。

貨幣を所有する者を$A_0$とし、商品となる財を所有する他者を$A_1$としよう。論理的な疑問はこうである。$A_0$が貨幣で支払おうとしても――この$A_0$による支払いの行為を$p_0$と表記する――、$A_1$が財と引き換えに、貨幣を受け入れるとは限らないではないか。どうして、$A_1$は$A_0$から提供された貨幣を受け入れ、支払い$p_0$が実現されるのか。その理由はひとつしかありえない。$A_1$が、彼または彼女にとってのさらなる他者$A_2$――$A_1$が必要とする財を所有する他者$A_2$――への将来の支払い$p_1$に、その貨幣が使用できるから、それだけである。支払い$p_0$を可能なものにしているのは、将来の支払い$p_1$が可能であるという事実以外にはありえない。もう少していねいに言い換えれば、$A_1$が支払い$p_0$を受け入れるのは、後続の他者$A_2$に対する自らの将来の支払い$p_1$が可能であるということを、$A_1$が確信しているからである。

支払いをともなう商品交換は、物々交換とは異なり、交換当事者の間の関係は非対称的である。$A_0$は、もし商品交換$p_0$が実現すれば、欲望していた対象に到達する。この交換が実現するかどうかは、$A_1$が貨幣を受け入れるかどうかにかかっている。$A_1$は、自らが所有する貴重な財を放棄し、本来の欲望の対象ではない貨幣を受け取らなくてはならない。物々交換においては、完遂とともに、両当事者はともに欲望の対象を手に入れる。しかし、貨幣を用いた商品交換ではそうではない。$A_1$は$A_0$とは違い、積極的に自らを危険な立場に――未だに欲望を充足しうる対象に到達していない立場に――追い込む者である。$A_0$が、必要としているモノを獲得できるかは、$A_1$の決定に依存している。その意味で、$A_0$は$A_1$に対して従属的である。

さて、今支払い$p_0$は、それよりも一ステップ後の将来の支払い$p_1$が可能だということによって、実現可能なものとなる、と述べた。これだけで論理が完結しないことは明らかであろう。支払い$p_1$に関しても、$p_0$と同じことが要求されるからである。すなわち、支払い$p_1$もまた、さらに後続の支払い$p_2$が可能であること（への$A_2$の信頼）を条件にして、実現されうるからだ。もちろん、同じことは、反復的に、後の支払い$p_3$、$p_4$…に適用される。一般に、次のように言うことができる。

任意の支払い$p_n$は、後続の支払い$p_{n+1}$が可能であることに対する$A_{n+1}$の信頼によって可能になっている、と。

（↓は貨幣の流れ）

したがって、結局、最初の支払い$p_0$が可能であるためには、それに、無限回の将来の支払いの連鎖が接続されなくてはならない――（もう少し慎重に言い換えれば）そのような無限回の支払いの連鎖が実現すると信じられていなくてはならない――ということになる。この支払いの連鎖は有限であってはならない――つまり終わりがあってはならない。もし$p_m$が最後の支払いであって、これに後続する支払いがありえないとすればどうなるだろうか。述べてきたような理由から、この支払い$p_m$は実現されない。そうなれば、その一回前の支払い$p_{m-1}$が最後の支払いになるだろう。しかし、これも同じ論理で実現されない。以下同様にして、最初の支払い$p_0$も実現されないだろう。したがって、支払いの連鎖に終わりがあるとすれば、一切の支払いが、つまり貨幣が不可能になる。任意の支払いに対して、なお後続の支払いがある、と信じられていなくてはならないのだ。

ここに述べてきたことは、岩井克人が「貨幣の自己循環論法」と呼んでいる論理に等しい。岩井によれば、貨幣はまさに貨幣として使われるがゆえに貨幣である（岩井 1993）。この命題は、支払いは、後続の支払いが実現されるがゆえに、成立しうる、ということでの言明と同じことを意味している。

さらに、こう付け加えることができる。貨幣の存在の条件は、自然数の無限性と類比的である、と。自然数の無限は、任意の自然数nに対して後続n＋1が存在している、ということによって定義される。どの自然数nも、言わば、次のn＋1を示唆しており、決して完結することがない。同様に、貨幣による任意の支払い$p_n$は、次の支払い$p_{n+1}$の存在を先取り的に前提にしている。

さて、以上のような論理によって貨幣の生成は説明されたのだろうか。物々交換からの貨幣の誕生という常識に代わる説明は与えられたのか。否、である。ただし、どこに問いの核心があるのか、どこを解けば問題が解消されるのかが、正確に特定された。述べてきたように、貨幣が流通するためには、誰もが、自らに対して支払われた貨幣をさらに受け入れてくれる他者たちの無限の連鎖が存在している、ということを信頼していなくてはならない。たとえ具体的にそのように意識したり、自覚したりすることがなかったとしても、貨幣を用いて支払うというその行動が、こうした信頼を含意し、前提にしている。しかし、もちろん、そのような他者の無限の羅列は、幻想のうちにしか存在しない。とすれば、終わることなく将来に続く、他者たちのこうした無限の連鎖の存在に対する確信は、どのようにして成立するのか。この問いに答えられれば、貨幣の生成を説明したことになる。

## 4　稀少性のパラドクス

この問いと直接対決する前に、原点に立ち返っておこう。経済というものの本来的な機能との関係で、貨幣の必要性を確認しておきたいのだ。われわれは前章の冒頭で、経済を「交換様式」によって定義した。商品交換は、交換様式の一類型である。だが、どうして交換がなされなくてはならないのか。この点を、とりあえず機能主義的に理解しておこう。

経済システムが対処しようとしている根本的な問題は、「稀少性」である(Sartre 1960＝1962, 1965, 1973)。必要なモノが不足しているかもしれない、という認識が、経済システムを導いている。このように説明すると、経済システムを駆動しているのは、動物的な欲求だと思われるかもしれない。しかし、そうではない。固有の意味での稀少性は、人間にとってしか存在しない。それはおかしい、と反論したくなるに違いない。たとえば動物の個体は、同種の他個体や他種の動物と、食物や配偶個体をめぐってたえず争っているではないか、それは、食物や配偶者が相対的に稀少だからではないか、と。だが、ここでいう稀少性は、客観的に見て、必要なモノが不足しているという意味ではない。稀少性は、当事者にとって、つまりシステムそれ自身によって認識され、観察されなくてはならない。このとき最も重要なポイントは、稀少性は、将来の先慮と相関している、ということである。

モノが稀少であるという認識は、自分の将来の欲求の充足が他者によって阻まれるかもしれない、という憂慮を含んでいる。他者が現在あるモノを奪ったという事実が、自分の将来の欲望の充足に必要なモノを不足させるかもしれないという不安こそが、稀少性の認識の要諦である。経済システムは、将来の安定についての心配を、現在の分配を通じて解消しようとする。この分配を実現するのが、さまざまな様式の交換である。これが基本的な構図だが、もう少しだけていねいに、事態を解析しておこう。

ニクラス・ルーマンによれば、稀少性は、自己言及の形式をとっている(Luhmann 1988＝1991)。それゆえ、ここには、嘘つきのパラドクス――「私は嘘をついている」「この文は偽である」――と同じタイプの矛盾が伏在している。このことは、稀少性に対する最も原初的な対応が、「占取」であることを思えば、理解可能である。あるモノの稀少性の認識から、そのモノのある量を誰かが占取したとする。このことが、(別の誰かが)その同じモノを占取する可能性を制限することにつながる。誰かが多くを占取してしまえば、別の者がそれを占取することは困難になる。この占取の制限は、しかし、占取をかえって動機づけ、誘発するだろう。つまり、あるモノが誰かに占取されてしまい、よりいっそう稀少になったとの認識は、残ったモノを占取しよう、あるいはすでに占取されているモノを奪ってでも占取しよう、ということを動機づけるはずだ。この論理を整理すれば、

占取 → 占取の否定(占取の可能性の制限) → 占取 → …

という、自己否定的な循環が生じていることが分かる。

これと同じタイプの循環が、「この命題は偽である」という、自己言及的命題でも生ずる。この命題を「真」であると仮定すれば、まさにこの命題で言われていることは正しいのだから、この命題は「偽」であると結論せざるをえなくなる。この命題が偽であるということは、しかし、まさにその命題に記述されていることが妥当で、「真」であることを意味する。こうして、命題の「真／偽」を決定できなくなる。

われわれは、あるモノのある量を占取することに固執するとき、たとえば土地を占取しようとするとき、その理由について、次のように答えるだろう。そのモノの占取の可能性には限界があるからだ、と。土地は狭く、いくらでも占取できるというわけではないからだ、と。しかし、占取の可能性の限界を作っているのは、他ならぬその占取という行為である。土地が十分に余っていないと見えるのは、人々がそれぞれ土地を占取し、「オレの領地」だと主張しあっているからだ。占取は、このように、自分自身の可能性を狭める。と同時に、ますます人を占取へと駆り立てる。少ない土地の占取をめぐる争いが激化するのだ。

ここで、経験的な現象についての具体的なイメージをあえてカッコに入れて、概念の間の関係だけを純粋に論理的にだけ考えてみよう。一方で、「占取」は、社会システムが直面している稀少性という問題への対抗手段であり、これによって、稀少性は緩和される（占取による稀少性の緩和）。しかし、他方で、今述べたように、占取という行為によってこそ、稀少性は問題としてたち現れるのであり、占取は、稀少性を深刻化させる（占取による稀少性の増大）。まとめると、同じ「占取」という行為によって、稀少性の増大(深刻化)と減少(緩和)とが同時に引き起こされている。これは論理的には矛盾である。この矛盾は、どのようにして解決されているのか。それは、ルーマンが指摘しているように、次のような分岐をシステムに与えることで、解消される。稀少性は、モノを占取した者にとっては相対的に減少し、それ以外の他者にとっては増大する。つまり、占取による成果を直接にシステムの全体に帰属させず、「持つ/持たざる」の差異を設定するように不均等に帰属させることによって、稀少性のパラドクスは隠蔽されるのである。われわれは普通、最初から、このパラドクスを解消されている状態をイメージしてしまうので、このパラドクスの存在自体に気づかないが、誰かが占取し、誰かが占取から排除されている状態は、社会システムの原点にあったパラドクスに対する二次的な対応である。

稀少性のパラドクスはどのように解決されるのか。経済システムは、この解決法を進化させ、洗練させていく。これがルーマンの基本的な着想である。ルーマンの理論を駆け足でフォローしておこう。

## 5　所有、そして交換

占取の分岐(持つ/持たざる)を利用したパラドクスの解決は、原始的で不安定なものだ。分岐は、偶然的に生ずる。典型的には、暴力に基づく争いの結果として生ずる。戦争やケンカに勝った者が「持つ」側になり、負けた者が「持たざる」側になるのだ。ここで、ナンビクワラ族の物々交換が戦争を擬態していたことを思い起こすことが有益である。

いずれにせよ、このようにして設定された分岐は、不安定なものだ。ここで、稀少性という問題は、本来、時間性の次元にかかわっていたことをあらためて確認しておく必要がある。将来どうなるのか分からないという状況に対抗して、未来についての確実性をもたらさなくては、稀少性は克服されない。ところが、暴力によって、「持つ」側の地位を獲得したとしても、その地位は固定されない。「持つ／持たざる」の区別がいったん設定されたとしても、後のいとなみのなかで承認されることも、継承されることもない。新たな暴力によって、占取したモノを奪い取られるかもしれない。「持つ／持たざる」の分岐は、新たな異なる暴力によって破棄されうる。このように、占取がもたらす分岐には、将来を保証するような反復可能性がない。

それゆえ、占取にもとづく分岐は、やがて「所有」によるコード化にとって代わられる。ルーマンはこのように論ずる。「コード」とは、「あれかこれか」という区別が、社会的に承認された（広義の）制度となっている状態である。「所有／非所有」の区別は、コードである。「所有／非所有」の区別と、占取のレベルでの「持つ／持たざる」とはどう違うのか。前者には、反復可能性がある。つまり、いったん設定された「所有／非所有」は固定され、社会的に承認された手段によらない限り変更されない。所有者は、所有対象となっているモノを、絶えず暴力によって守っている必要はない。「所有／非所有」の区別は、固定的で反復可能性があるので、予期形成の基礎になりうる。つまり、この区別が偶然的な仕方で破棄されてしまうということを心配せずに、将来について予期することが可能になる。

だが、「所有／非所有」という差異による関係のコード化が、自明に実現されうる、と考えてはならない。ある者が、あるモノの一定量を所有するということは、他のすべての者が、その同じモノの所有から排除されるということである。「所有」というコードが機能するためには、圧倒的に多くの者に、所有からの排除を甘受させなくてはならない。言い換えれば、「所有」は、同時に、所有からの排除をも動機づけることができない限り、安定したコードにはなりえない。非所有者は、まさにその非所有ということによって、経済システムに包摂されなくてはならないのだ。その包摂のための仕組みが必要だ。

非所有者を端的に「稀少性の増大（深刻化）」に委ねてしまうのならば、非所有者を経済システムに包摂することは不可能だ。非所有者にも、稀少性を克服するための道を残しておかなくてはならない。それは、物理的な暴力によらずして、「所有／非所有」の境界を横断する手段でなくてはならない。所有から非所有への、あるいは非所有から所有への横断の手法、これこそ、さまざまな様式の「交換」である。経済が何らかの交換様式を中心にしたシステムになる必然性は、ここにある。貨幣を用いた等価交換（商品交換）は、こうして要請される交換の一つの形態である。

＊

貨幣が十分に浸透した社会では、つまり貨幣による商品交換が、他の交換様式に寄生しているのではなく、交換様式の圧倒的な主流にまでなっているような社会では、「稀少性」ということ自体に、ある革新がもたらされる。稀少性が二重化するのだ。ルーマンの最も重要な着眼もここにある。一方には、財やサービスとして現れる商品の稀少性がある。他方には、貨幣の稀少性が設定される。前者は、以前からある稀少性、モノについての自然な稀少性である。しかし、後者は、純粋に人為的なものだ。

稀少性がこのように二重化するのだとすれば、この点からも、貨幣は物々交換を容易ならしめる道具として生まれたという仮説は否定される。物々交換のための通路に過ぎないとすれば、物財そのものに対する稀少性とは独立の貨幣の稀少性は生まれようがないからだ。貨幣の稀少性は、先に提起した疑問、すなわち支払いの連鎖はどうして無限に続く(かのような幻想が生ずる)のかという疑問に答えるための前提となる。もし貨幣が稀少ではなく、いくらでもあるのならば、人は、貨幣を支払おうか支払うのをやめようかと迷うことは意味がなかっただろう。そもそも、貨幣があり余っているならば、貨幣を受け取ることがまったく無意味なものになる。支払いの連鎖が機能するのは、貨幣が稀少なものとして設定されているときに限られる。貨幣の稀少性が成り立っているときには、稀少性をめぐるパラドクスは、買った側の支払い能力の減少と売った側の支払い能力の増大の両立と分岐という形式で処理されている。

## 6　負債としての貨幣

さて、本来の疑問に立ち戻ろう。貨幣の起原が物々交換ではないのだとしたら、つまり貨幣が物々交換を促進するための補助的な道具として導入されたのではないとしたら、貨幣はどのようにして生まれたのか。そもそも、貨幣の本質はどこにあるのか。

第3節で述べたように、貨幣に対する欲望には二律背反がある。貨幣は、この二律背反を説明できる対象でなくてはならない。この点を首尾一貫した説明のうちに収める貨幣の理論はあるだろうか。ある。ミチェル・イネスがその主唱者であるような貨幣信用論が、それである。イネスは、二十世紀のはじめに、二本の論文によって、この理論を発表した(Innes 1913, 1914)。長くそれは忘れられていたが、近年、デヴィッド・グレーバーがあらためて見出し、その意義を強調している。

貨幣信用論は、貨幣の本質を次のように見定める。すなわち、貨幣とは、借用証書——一般に流通した借用証書である、と。普通は、銀行券は、一定の金額の実質貨幣(金とか銀とか)による支払いの約束である、と考えられている。これと、貨幣信用論の言う貨幣とはどう違うのか。貨幣信用論の観点からすると、銀行券は、そこに表示されている金や銀の量と等価な「なにものか」を支払う約束である。貨幣は、格上げされた商品ではなく、一種の計算手段である。何を測っているのかと言えば、それは、負債だ、というのが貨幣信用論者の主張である。

単純化すれば、貨幣は次のように発生する、ということになる。$A_1$が、$A_0$に何か価値あるものを、たとえば新しい上着を贈るとしよう。しかし、$A_0$の手元には今、お返しすべきよいモノが何もない。しかし$A_0$は、$A_1$からの好意を受けっぱなしにはせず、いずれお返しに、もらった上着と等価値のものを贈り返すという約束をし、その約束を記した借用証書mを$A_1$に渡す。やがて$A_0$がよく切れる斧を手にいれたとき、$A_1$が借用証書mによって、その斧を入手し、$A_0$が借用証書mを破棄してしまえば、ここでストーリーは完結し、貨幣は生まれない。しかし、$A_1$が、自らが負債がある第三者$A_2$にその借用証書mを渡したとしよう。そして、$A_2$が、借用証書mを受け取ったとしよう。さらに、この借用証書mは、$A_2$の$A_3$に対する負債の決済にも使われうる。同様にして、$A_4$、$A_5$…へと借用証書mは手渡されていくとする。$A_0$は、そのとき借用証書mを持っている$A_i$に対して、そこに記されている額面の負債を負っていることになる。この借用証書mがどこまでも循環し、終点がないと見なされれば、このとき、借用証書mは貨幣である。

この説明からすぐに分かるように、これは、貨幣は本質的に信用(クレジット)である、とする理論である。通念では、信用は、近代になってから導入された二次的な仕組みである。硬貨が広く使われ、貨幣経済が十分に浸透し、そして預金が一般化した後に、信用という仕組みが使われるようになったのだ、と。しかし、イネスは、注意深く商業の歴史を振り返れば、実態はまったく逆だと述べている。信用はごく古い段階からあり、硬貨の方がむしろ補助的であった、と。

貨幣とは本質的に負債であるとする、この理論には長所と弱点がある。長所は、貨幣をめぐる欲望の二律背反を説明することができる、ということである。一方で、貨幣は、何か別のものによって返済することの約束なのだから、欲望の最終的な対象ではありえない。欲望は、その「何か別のもの」に向かっているのだ。しかし、他方で、まさにその貨幣こそが、その何か別のものがやがて支払われることの約束であるとすれば、それ自体が欲望の対象へと転化したとしても、何らふしぎなことではない。

だが、貨幣信用論には弱みもある。先の単純化した例で、たとえば$A_1$は$A_0$のことをよく知り、信用しているので、$A_0$が出した借用証書mを受け取るだろう。$A_0$はいずれ返してくれるはずだ、と$A_1$は信じているからだ。しかし、後続の他者たち、$A_2$、$A_3$、$A_4$…はどうであろうか。$A_0$から遠く離れている者たちは、$A_0$を信頼することができない。$A_2$は、$A_3$は、$A_4$はmによる支払いを拒否するかもしれない。だが、貨幣を貨幣たらしめているのは、第3節で述べたように、後続の支払いが必ず受け入れられるはずだという(根拠のない)確信である。貨幣信用論は、このような確信をどう説明すればよいのか。

しかし、もし$A_0$が、一介の人物ではなく、国王や皇帝だったらどうだろうか。$A_0$が発行した借用証書mが広く流通する蓋然性が一挙に高まるに違いない。このように指摘すると、結局、貨幣を可能なものにしているのは、国家や法や政治権力である、と主張していると思われるかもしれない。そのような主張であれば、伝統的な貨幣法制説(物々交換に貨幣の源泉をみる貨幣商品説に対抗するもうひとつの理論)に近いものになる。しかし、ここで言いたいことは、そうしたことではない。貨幣法制説には、二つの問題がある。第一に、仮に、貨幣の根拠に国家や政治権力を置くとしても、謎はまったく消えていない。貨幣をめぐる謎を、そのまま政治権力の側に丸投げしているだけである。第二に、事実の問題として、貨幣の流通の範囲は、政治権力が妥当している領域と必ずしも合致しない。政治権力はまったく効いていないのに、貨幣が流通することもある。政治権力は確かに活きているのに、貨幣を流通させることができないときもある。

ではなぜ、ここで、「国王」や「皇帝」に言及したのか。人が他の人間によせる信頼には、非常な柔軟性があることを思い起こすためである。それは、ほとんど無限と言ってもよいほど膨れ上がることもあれば、まったくの無に帰する場合もある。事物に関連した確信や予測には、こんな大きな伸縮性はない。このことを考慮すれば、次のように言えるのではないか。確かに、貨幣信用論は、貨幣において体現されている負債への返済が必ず清算されるに違いないという確信が、どうして広く社会的に一般化するのかを説明することができない。このことは、追加的な理論によって補われなくてはならない。だが、今述べたような、他者への信頼のもつ極端な柔軟性のことを考慮に入れれば、こうした理論が十分に可能だという予測をもつことができるだろう。

ここでは、貨幣の本性は負債にありとする理論を、基本的に受け入れることにしよう。ただ、ここに若干の修正を加えておきたい。原点にある負債の性質に関することがらである。

## 7　等価交換の前提としての不等価交換

この章の冒頭で紹介した、ヤップ島の社会は、貨幣は本来的に信用(クレジット)だとするこの説を裏付ける、これ以上ないほど明白な実例である。彼らの石貨フェイは、信用取引の帳簿となる計算貨幣である。フェイによって、誰が誰に対してどれだけ負債があるかが記録される。具体的には次のようになる。ヤップ島では、魚、ココナツ、ナマコが、そしてたまにブタが取引される。「債権」と「債務」は互いに相殺することで決済をする。決済は、一回の取引ごとになされる場合もあるが、一日の終わりや一週間の終わりなどにまとめて行われることもある。決済後に残った差額は次回に繰り越される。このとき、取引相手が望んだ場合には、残っている債務に等しい価値の通貨、つまりフェイが交換され、決済されることになる。

ヤップ島のケースについて、われわれはこう考えるべきであろう。もともと、負債としての貨幣は、観念的なかたちで存在しており、彼らの取引において流通している。負債が完全に清算されなかったとき、残った負債がときに、フェイとして、物化されるのである。もともと貨幣が、触知可能な物体である必要性はない。だから、海の底に沈んだまま、誰も見たことがないフェイでも機能するのである。

さて、ここで貨幣化される負債の論理的な位置について、次のように想定したらどうだろうか。第1章で、最も原初的な交換様式は、(広義の)贈与である、と述べた。贈与には、奇妙な両義性があることを確認しておいた。一方で、それは互酬化されることを強く拒否している。他方で、贈与は、お返しへの暗黙の期待とともになされており、互酬化されることを望んでもいる。この事実を踏まえて、貨幣=負債の性質について仮説的な推論を提起しておこう。つまり、貨幣とは、互酬化されなかった贈与ではないか、と。互酬性へと回収されることを拒絶されている贈与が、負債として残り、貨幣として流通するのではないか。貨幣の源泉は、互酬性に対して二律背反的な指向性をもつ贈与にあるのではないか。

このような推論に対する間接的な証拠となる事例をかんたんに検討しておこう。それは、「クラ」と呼ばれる交換で知られている、トロブリアンド諸島の例である。この島の社会の実態は、マリノフスキーの詳細な報告によって、細部まで分かっている(Malinowski 1922=2010)。クラは、特定の物財の大規模な交換で、島と島の間で――厳密にはある島の男と別の島のその男のパートナーとの間で――執り行われる。交換されるモノの中で最も重要なのは、ヴァイガと呼ばれる宝物だ。宝物には、二種類ある。腕輪と首飾りである。二つの財宝は、それぞれ一定方向に受け渡されていく。受け渡されていく径路は、全体としておおむね、島々を結ぶ円環になっているのだが、腕輪と首飾りがフローしていく方向は真逆である。クラは、無文字社会にはしばしば見出される、儀礼的な贈与の典型である。腕輪と首飾りが直接、交換されるわけではない。それぞれの受け渡しの連鎖は独立の贈与の径路として演じられる。どちらの径路でも、「互酬性の拒絶」という贈与の性質が強く現れている。だからこそ、財宝が絶対に還流することなく厳密に一定方向に贈られていくのである。

ここで注目したいのは、クラの細部ではない。トロブリアンド諸島には、クラとは異なる、もう一つの交換のシステムがある。彼らは、それをギムワリと呼んでいる。ギムワリは、典型的な物々交換である。貨幣を物々交換から説明したい経済学者が追い求めているのは、まさにこのようなタイプの交換ではないか、そのように言いたくなるやり方がここにある。が、これを貨幣以前の、そして貨幣の苗床となる物々交換と解釈することはできない。ギムワリとクラとの間の独特な関係を念頭においたとき、このことが明らかになる。

トロブリアンドの人々は、クラとギムワリがまったく異なる原理に基づいた交換であることを強く意識している。マリノフスキーによれば、失敗したクラに対する最大の侮蔑的表現は、「まるでギムワリのようなクラ」という言い回しである。クラの失敗、つまり体裁の悪いクラとは、次のような状況を指す。述べたように、クラの最も重要な趣旨は、一人の男が、隣の島の自分のパートナーとなる男に、象徴的な財宝（腕輪か首飾り）を贈ることにある。このような中心的な狙いだけを聞くと、ごく単純なものに思えてしまうが、実際にはそうではない。クラは、男にとって人生を賭けたハレの舞台であり、大規模で複雑な儀礼である。その中には、いくつもの贈与や反対贈与が組み込まれている。このとき、贈与と反対贈与の間の価値を均等化させることにこだわり、パートナー同士が議論したり、せりあったりすることは、まことに恥ずべきことだとされた。あるいは、反対贈与のタイミングがあまりに早すぎて、最初の贈与に対する支払いのように見えてしまうのも、悪いクラである。こうしたクラが、ギムワリ(物々交換)のようだと非難されたのだ。

このように、トロブリアンド島民は、クラとギムワリの区別に敏感だ。しかし、両者の間にある種の関係があると、彼らは考えているようだ。まず、「ギムワリのようなクラ」という悪口に示されているように、クラの方がずっと格の高い行動と見なされている。つまり、両者の間に規範的な価値に関する序列が打ち立てられている。しかし、これだけではない。われわれの探究にとってよりいっそう興味深いのは、クラがギムワリに対して論理的な先行性(プライオリティ)をもつかのように扱われているということである。どういうことか。ギムワリは誰とでも自由に執り行われるわけではない。ギムワリの取引ができるのは、クラによって結ばれている共同体のメンバーの間だけである。村Vの男vと村Wの男wが、クラのパートナーだとすると、村Vのメンバーと村Wのメンバーはギムワリの交易を執り行うことができる。クラには、共同体の間の関係を、物々交換が可能な通路へと変容させる力が宿っている……かのように見える。

これをどう考えればよいのか。ギムワリ(物々交換)において配慮されるべきことは、交換されるモノの価値の間のバランスである。交換の当事者たちは、二つのモノが等価でなくてはならない、と判断している。だから、相手が対価として置いた品物の量が十分ではないと思ったら、相手を非難し、もっと多くをもってくるように公然と要求することができる。逆に、相手が差し出した品物の価値や量がたいしたことがないと見たときには、値切ることも許されている。しかし、クラでは、この種のことはとてつもなく恥知らずな行いと見なされる。ギムワリ(物々交換)は、クラが切り開いた通路の中で行われる。クラとは、(未だ)互酬化されていない贈与である。クラの後には、負債が清算されずに残っている。

したがって、トロブリアンドの島民たちが彼らの行動によって示していることは、等価性の判断の前提に負債がある、ということだ。取引のための場を成立させる前提条件に、負債=不等価交換がある。その前提条件が満たされているときはじめて、等価性を指向する交換が可能になっているのだ。この等価交換の前提にある「負債」を、一個の対象として具体化すれば、それが貨幣になるのではあるまいか。

## 8　否定判断と無限判断

借用証書が貨幣としての役割を果たす。貨幣信用論に従って、このように主張してきた。そうだとすると、貨幣によって表示されている負債には、二律背反がある。$A_0$が発行した借用証書mが流通し、貨幣となるのは、それを受け取る人が、負債は($A_0$によって)必ず返済されると確信しているからである。しかし、もし$A_0$がほんとうに返済してしまえば、その借用証書mは、貨幣ではなくなる。借用証書mは、$A_0$が負債を返済しない限りで、貨幣である。それゆえ、貨幣において具体化されている負債は、返済されなくてはならず、かつ返済されてはならない。

この負債としての貨幣の独特のステータスを、カントが提起した概念と対応させながら理解することができる。カントは、「否定判断」と「無限判断」を区別した(Kant 1787＝2012)。この区別が、われわれの目下の考察に役に立つ。この点を説明しておこう。

①魂は可死的である。Die Seele ist sterbliche. The soul is mortal.……肯定判断
②魂は可死的ではない。Die Seele ist nicht sterbliche. The soul is not mortal.……否定判断

判断はこの二種類で尽くされるように思える。しかし、カントによると、判断はもう一種類ある。

③魂は非―可死的である。Die Seele ist nichtsterbliche. The soul is not-mortal.

判断②と判断③は、まったく同じことを意味しているように見える。が、そうではない、とカントは言う。③が無限判断である。否定判断と無限判断はどう違うのか。

まず――ジジェクが述べていることだが――否定判断は等価交換の論理の中で機能している

(Žižek 1993＝2006)。この点を理解しておくと、無限判断との区別が分かりやすくなる。どうして、否定判断が等価交換の一種と見なしうるのか。否定するとは、一つのことを失うことである。たとえば、②によって、「可死的な魂」が放棄される。それと引き換えに、否定判断は、その失ったものに見合う別の何かを、積極的・肯定的な対象として手に入れてもいる。②に関して言えば、「不可死の魂」という積極的な対象が措定され、獲得されている。否定判断においては、喪失と獲得とが釣り合っているのである。

無限判断はそうではない。純粋な喪失(否定)だけがあって、何も得られてはいない。③は、魂は可死性という規定によっては尽くされない、と主張している。しかし、だからといって、「可死的な魂」とは別の「不可死の魂」なるものの存在が肯定されているわけではない。無限判断においても、放棄されるもの(可死的な魂)はあるのだが、その対価は無なのだ。だから無限判断は、与えたのにお返しが得られていない状態、未だに決済されていない負債に対応させることができる。要するに、無限判断は、この章で見てきたような(貨幣信用論が想定しているような)貨幣と類比的に捉えることができるのだ。われわれはこう述べてきた。負債としての貨幣が流通することによって、商品交換(等価交換)が可能になっているのだ、と。カント哲学と関連づけるならば、これは次のような趣旨として解釈することができる。すなわち、無限判断によって、否定判断が――それゆえ肯定判断も――可能な領域が拓かれるのである。この意味で、無限判断は否定判断よりも本源的である。貨幣を支払いに使用し、流通させているとき、われわれは意識することなく、不断に、無限判断と否定判断の間のこうした関係を実証してみせているのである。

＊

さて、この章では、貨幣の本質は負債（クレジット）であるとする理論を肯定的に継承した。このことは、しかし、この理論によっては未だ解けていない問題を継承することでもある。答えられていない問題は二つある。

第一に、負債としての貨幣は、どうして、社会的に一般化し、尽きることのない支払いの連鎖を構成することができるのか。貨幣が、借用証書のようなものだとして、それを発行した人物$A_0$をよく知る$A_1$が、これを受け取り、返済を期待するだけならばよく分かる。しかし、これだけなら、借用証書は貨幣にはならない。貨幣が成立するためには、$A_0$を具体的に知らない者も、つまりその人にとっては$A_0$が抽象的な存在になってしまうような者も、その借用証書を受け入れなくてはならない。どうして、そんなことが可能だったのか。第1章第2節で提起した二つの問題のうちの最初の問い（贈与と商品交換の関係）に対しては、この第2章で部分的に答えられた。しかし、なお今述べたような疑問が残る。

第二に、贈与への衝動はどこから来るのか。貨幣は、互酬化されていない贈与と解釈することができる、と述べた。ということは、原点に贈与があるということである。どうして、人は贈与へと駆り立てられるのだろうか。なぜ、そんな衝動が生じるのか。経済が対処しようとする根本問題が稀少性であるとすれば、それに対する反応が「占取」であるということは分かりやすい。占取は、稀少性に対する自然な対処法である。だが、贈与は、占取を真っ向から否定する行為だ。

端緒に占取だけではなく、同時に贈与があるのだとすれば、われわれはその由来を問わなくてはならない。これは、第1章第2節で提起した二つの問題のうちの後の問いである。この問いは、まだそのまま残されている。

# 第3章　原始貨幣と男の名誉

## 1　承認された略奪

贈与と略奪、与えることと奪うことは、正反対のように見えて、むしろ表裏一体の関係にある。マイナスの価値をもつモノを贈ることが略奪だ、と解釈することができる。つまり、相手から何かを奪うことは、ときに、相手にマイナスの価値に相当する贈与をしたのと同じことである。あるいはこう言ってもよい。奪われた者によって容認（承認）された略奪が贈与である、と。主要な交換様式が互酬的な贈与であるような社会は、部族の間の血讐を義務化している。血讐は、もちろん、互いの部族のメンバーの命を奪い合うことである。この事実もまた、贈与の互酬が相互的な略奪の極限とも見なすべき血讐と同じ感覚をベースにおいていることを示している。

第1章で述べたように、原初的な「コミュニズム（各人は能力に応じて与え、必要に応じてとる）」もまた贈与の純粋形態であるとするのが、われわれの立場である。ここであらためて確認しておきたいことは、コミュニズムとは逆の意味で典型的な贈与に対立しているように見える、（容認された）略奪や報復戦争もまた、広義の贈与や互酬のうちに含まれるということだ。

マーシャル・サーリンズは、共同寄託（コミュニズム）は世帯内の活動であって、（世帯と世帯の間にある）互酬的贈与とは異なる、という立場ではあるが、中核にある家族における互酬を起点にして、互酬を三種類に分け、それらの連続性を示唆している（Sahlins 1974＝2012: 112）。第一に、家族内での「一般化された互酬」があり、それが最大限の連帯性を示す極（リニージ圏域）であるとされる。第二に、村落圏域での「均衡化された互酬」があり、連帯のレベルとしては中間的である（部族圏域）。第三に、部族間圏域での「否定的互酬」があり、連帯という規準からみると、これはマイナスであって、非社交的な極であるとされる。否定的互酬として、サーリンズは、経済的な取引における駆け引き、詐欺、そして盗みなどを挙げているが、もちろん、この方向を強調すれば血讐もこれに含まれるだろう（柄谷 2010: 55）。

このサーリンズの分類では、村落圏域での互酬が、典型的な双方向的な贈与だが、それを第一のタイプの方に近づけていけば、コミュニズムも含むことになるだろう。逆に、第三のタイプの方に拡張していけば、略奪や報復合戦のようなものも広義の（互酬的）贈与の中に含まれることになる。

レヴィ＝ストロースの見解とそれに対するピエール・クラストルの批判が、われわれの目下の考察に関連している。レヴィ＝ストロースの考えでは、部族と部族の間には、贈与によって平和的な関係が構築されるのだが、贈与が失敗すれば、両者の間で戦争が引き起こされる。前章で、『悲しき熱帯』から引いたナンビクワラ族の取引のさまは、こうした理解を支持しているように思える。彼らは、一歩間違えれば戦争になりかねないような危うい状況の中で、かろうじて、取引を実行していた。

クラストルは、しかし、レヴィ゠ストロースのこうした理解を批判している(Clastres 1977＝2003)。西洋文明との接触によって原初的な共同体そのものがすでに変容してしまっていることをレヴィ゠ストロースは見逃している、と。古い民族学的調査の報告は、未開の諸部族がたいへん攻撃的で、互いの間で頻繁に戦争しているという事実を多く記している。現在でも、アマゾン奥地にいたりして西洋文明との接触がほとんどなかった民族の場合――たとえばNHKの番組によっても知られているヤノマミ族――、戦争ばかりしている。クラストルの考えでは、互酬的な贈与交換は、戦争のための戦略、つまり同盟を結成するためにもっぱらなされている。小規模な共同体の間にたえず戦争があるために、それらの集合が国家へと転ずることが妨げられている、というのが、クラストルのよく知られた主張である。

レヴィ゠ストロースは、贈与を基本とし、その失敗として戦争を位置づけた。クラストルは逆に、戦争が基本で、贈与はその派生的産物である。どちらが正しいのか。どちらも正しい。つまり、二人の見解はともに肯定されるべきである。互酬的贈与と戦争は、表裏一体の関係にあり、一方から他方へと容易に反転するのだ。

＊

このように、報復的な戦争や容認された略奪もまた、広義の贈与の中に含めて考えなくてはならない。その上で、問いを再開しよう。人間の共同体にどうして贈与への衝動が宿るのか？

略奪や詐欺のような、他者の富を犠牲にして自らの富を増やす行為に関しては、それがもたらされた理由は、容易に説明できそうに思える。それは、経済の根本問題である「稀少性」に対する自然な対応、つまり占有をめざす行動の一種と解釈することができるからである(もっとも、前章で述べたように、稀少性自体が、自明に前提にできる客観的な現実ではなく、社会システムに媒介された認識[環境への観察]の産物である)。

だが、略奪すらも贈与の一種と見なしうるとすれば、そう簡単には説明できない。そもそも、贈与への衝動に関する問いを構成するのは、人はなぜ贈るのか、という疑問だけではない。人は、なぜ受け取るのか。こちらの疑問は、受け取る者にとって明白な利益をもたらすので、答えは自明であるように思える。が、そうではない。贈与を受けることは、受け手に、与え手に対する負債を負わせることであり、受け手を従属的なポジションにおく。とすれば、人が贈り物を受け取ることも、必ずしも常に明らかなわけではない。その上で、他者から奪うこともまた、すぐに、その他者からの贈与へと転じうるものだとしたらどうであろうか。そうであるとすれば、否定的贈与もまた、見かけほど自明な現象ではない。

加えて、競争——戦争に限りなく近い競争——がそれ自体、通常の意味での(つまり肯定的な形態の)贈与として遂行されることもある、ということも考慮に入れなくてはならない。北米先住民の間で行われていたポトラッチのような、英雄的な贈与が、肯定的贈与を伴う競争である。ポトラッチにおいて、部族は、稀少性の克服という観点からみれば、あからさまにそれに反するような行動をあえてとっている。このようなタイプの競争は、「稀少性」からは(少なくとも直接的には)説明できない。

このようなケースも含め、人間の社会に普遍的に贈与が見出される。人を贈与へと駆り立てる一般的な要因を摘出すること、それがわれわれの目的である。

## 2 原始貨幣

ここで、贈与交換が主たる交換様式となっている無文字社会――国家をもたない社会――に一般に見出される現象を考察のための手がかりとしよう。そのような社会では、貨幣の原初形態のように見える象徴的な財が存在している。初期の文化人類学者は、これを、「原始貨幣 primitive money, primitive currency」と呼んでいる。この名を放棄する必要はないが、これにミスリードされないように留意しなくてはならない。原始貨幣から直接、現在の市場で用いられているような貨幣が発展したと見なすことはできないからだ。つまり、原始貨幣は、われわれが今日知っているような意味での貨幣ではない。原始貨幣は、(市場にある)任意のモノをそれによって買うことができる一般的な交換媒体ではないのだ。つまり、それを使って、自由に何かを買うことができるわけではない。さらに、重要なことを付け加えておけば、原始貨幣によって税を収めることもできない。

原始貨幣が使用されるのは、特定の相互行為、儀礼的な含みをもつ特定の相互行為においてである。とりわけ、結婚をめぐる相互行為こそが、原始貨幣が使用される最も重要で優先的な場面である。そして、贈与を通じて得ることができる最も貴重なモノは、配偶者であろう。共同体の存続がかかっているからである。結婚は、最も重要な贈与、贈与の中の贈与である。原始貨幣は、このとき必要になる。カール・ポラニーが導入した類型を用いれば、原始貨幣は——多目的貨幣との対比された——特殊目的貨幣と見なすことができるだろう。ポラニーは、市場における一般的な交換媒体であり、そのことを通じて、貨幣のすべての機能、計算手段や価値の蓄蔵を含むすべての機能を果たす貨幣を、多目的貨幣と呼んだ。さらに付け加えておけば、前章で紹介したヤップ島の石貨フェイは、これから検討の対象とする原始貨幣ではない。フェイは、ほんのわずかな数の商品しかない小さな市場においてであったとはいえ、何を買うのにも使うことができ、価値の計算や蓄蔵の手段でもあり、多目的貨幣となっていたからである。

原始貨幣はどのように使われるのか。典型的には、かつて「花嫁価格 bride-price」と呼ばれていたものに、原始貨幣が用いられる。ある家族が、別の家族の女性を、嫁として迎え入れるとしよう。つまり、前者の家族が、後者の家族から「女性」を贈与される、と。このとき、求婚者側の家族が、女性側の家族に、それぞれの共同体ごとに定められている原始貨幣——犬の歯とかタカラガイとか特殊なマットとか——が贈られる。これを見ると、女性は、その原始貨幣によって買われている、と解釈したくなる。実際、二十世紀初頭の植民地の行政官はこのように見ており、ついに国際連盟で、この種の結婚は奴隷売買の一形態であるとして禁止の対象にしよう、ということまで議論された。しかし、現地の結婚を厳密に観察していた文化人類学者たちは、これに強く反対した。

人類学者によれば、花嫁価格を支払うことは、奴隷を買うこととは違っている。つまり、これは、豚や斧を買うのとは、異なった事態だというのだ。たとえば、私が豚を買ったのだとすれば、私は、豚をいかようにも処分することができる。しかし、夫と妻の関係は、これとはまったく違う。第一に、夫は妻に対して――妻が夫に対するときと同様に――多くの義務を負うことになる。第二に、夫は、妻を転売し、処分することはできない。第三に、花嫁価格によって、支払った側の共同体が得るものがあったとすれば、それは、女性そのものではなく、女性を通じて得た子どもの所属である。彼女や彼女の子が生んだ子孫は、花嫁価格を支払った共同体に所属することになる。

このように、求婚者の家族が、原始貨幣によって花嫁価格に相当する分を支払ったとしても、妻となる女性そのものを買っているわけではない。それゆえ「花嫁価格」という語は不適切だとして、今日では、一般に「婚資 bride-wealth」と呼ばれている。だが、それでも疑問は残る。婚資は何のために支払われているのか。婚資が意味していることは何なのか。いくつかのことが考えられる。たとえば、西サモアの求婚者家族が、女性の出身家族にマットを渡すのは、その女性の妻や母としての労働に対する対価を前払いしているのではないか。あるいは、女性の子宮の使用権を得て、その潜在的な多産性を買ったと解釈することもできそうだ。

なお、今、男性側が女性側に婚資を支払うケースで説明してきたが、逆に、女性側が結婚に際して男性側に持参金 dowry を与える社会もある。人類学では、男性側が女性側に婚資を支払うか、逆に女性側が持参財を男性側に与えるかは、人口と土地との間の相対的なバランスと関係している、という傾向則が知られている。人口が少なく、土地は十分なときには、婚資が一般的になる傾向があり、逆に、人口が過剰で、土地が不足しているときには、持参財が普及する傾向がある。前者では、政治の中心は労働管理であり、花嫁が新たな働き手としてやってくることは夫方にとってはありがたいことだ。後者では、女性が加わることは食扶持が増えることであって、花嫁の父親もいくらかの援助をする義務があると考えられている。が、いずれにせよ、原始貨幣のような、何か別のものを買うのに使用できないものによって女性(または男性)を妻(または夫)として得たことに対する支払いがなされるのはどうしてなのか、という謎は消えない。

フランスの人類学者フィリップ・ロスパベは、いかにもありそうな解釈を斥け、驚くべき創造的な説明を与えている(Rospabé 1995)。原始貨幣が表示しているのは――ロスパベによれば――「この負債は返済不能である」ということだというのだ。原始貨幣は、どうしても支払いすることができないような負債が存在しているということを、承認する方法である。求婚者側が、原始貨幣で婚資を支払うとき、「私たちはあなた方から女性を贈られることで生まれたあなた方への負債はどうしても返済できない」ということを相手方に示している。女性を贈る側は、原始貨幣を受け取ることで、女性を受け取る家族が「負債を永遠に返すことができない」と言っている、ということを確認し、承認するのだ。厳密に言えば、ひとつだけ負債を返済する方法がある。同じもの、つまり(自分たちの共同体の)女性を相手に贈ること、である。

＊

このロスパベの主張の裏付けとなる事例をひとつだけ紹介しておこう。ナイジェリア中部に住むティヴ族のケースだ。ナイジェリアはかつて大英帝国の植民地だった。ティヴ族についての学術的な調査は、その頃、なされている（Duggan 1932, Abraham 1933, Graeber 2011＝2016: 201–3）。

ティヴ族には、結婚は本来は姉妹の交換という形式をとるべきだ、という強い規範意識があるという。家族1の男$M_1$が自分の姉妹$F_1$を別の家族2の男$M_2$と結婚させた場合、$M_1$は、$M_2$の姉妹$F_2$と結婚する。これこそ、理想的な結婚である。

が、このように都合がよくいくとは限らない。たとえば、男$M_1$が、$F_2$を気に入らなかったときにはどうするのか。この場合、基本的には、「限定交換」を「一般交換」に転換して、「姉妹の交換」を実現させる。理想的な結婚は、今述べたように、家族1と家族2の間の、女性の限定交換になっていたのだが、今、それがかなわない。この場合、$M_2$は、自分の姉妹である$F_2$の後見となり、$F_2$の結婚相手を決める権利をもつ。$F_2$が気に入らなかった$M_1$は、男$M_3$の姉妹$F_3$との結婚を望んでいるとする。もし$M_2$が、自分の姉妹$F_2$を$M_3$と結婚させることができれば、$M_1$は、$F_3$と結婚できる。このとき、家族1→家族2に$F_1$が、家族2→家族3に$F_2$が、家族3→家族1に$F_3$が与えられ、三つの家族の間に、女が一巡する一般交換が成り立つ。これならば、結局、女を直接交換したのと実質的には同じだ、というわけだ。しかし、このやり方は、非常に複雑なものへと発展しうる。やがて、たくさんの妻を獲得できる男と、なかなか結婚できない男という格差も生まれてくる。

姉妹の交換という理想の結婚が実現できない場合に採用されるもうひとつの方法がある。このもうひとつの方法においてこそ、ティヴ族の原始貨幣が活躍する。彼らの原始貨幣は、束ねられた真鍮棒である。真鍮棒は稀少で、非常に「高価」だとされているが、しかし、市場での売買では使用されることはなかった。そして、真鑰棒を保持しているのは男だけである。

そのもうひとつの方法とはどういったものか。細々とした手順があるのだが、骨格だけを述べれば、簡単である。男は、女を略奪するのだ――もう少し穏当に言えば、男は女と駆け落ちする。ただし、男は、女を連れ去る前に、彼女の両親に、真鑰棒をわずかだけ贈っておく。男による女の略奪は、建前上は、女の家族にとっては予想もしていない不意打ちなのだが、男は、事前の贈り物によって、駆け落ちを予定していることを、相手の家族に暗に知らせているのである。女を奪われた側の家族は激怒する(少なくとも、激怒しているふりをする)。この怒りを鎮めるために、男は、女の両親と彼女の後見人(普通は女の兄弟)に真鑰棒を贈る。真鑰棒の贈り物は、一回では終わらない。理念の上では、後見人への真鑰棒の支払いは、永遠に終わらないことになっており、実際、男側は、略奪して、自分の妻にした女の後見人に、何年も真鑰棒を払い続けなくてはならない。

真鑰棒の束によって女が買われている……ような印象を与えるが、よく見れば、そうではないことが分かる。夫となった男が、妻であるその女を処分したり、転売したりすることは、絶対にできない。女は、結婚後も依然として、出身家族や後見人に属していて、夫のものになるわけではない。そして何より、夫側は、真鑰棒をいくら使っても支払いを完結することができないという設定があからさまに示しているように、真鑰棒が表現していることは、女を得たことによって男に課せられた負債は絶対に返済されない、ということである。真鑰棒は、それを支払った男に、消えない負債があるということを表示しているのである。

このように原始貨幣は、まさにその貨幣によっては清算不可能な負債が存在していることを宣言し、相手にその確認を求めるものとして、贈られている。

## 3 「これは支払いではない」

だが、そうだとすると、原始貨幣はまことに逆説的な貨幣である。原始貨幣は、否定的に自己言及していることになるからだ。一方で、それは、まぎれもなく、男の側から女の家族へと支払われている。しかし、他方で、支払われているその貨幣が意味していることは、これは支払いにはなっていないという不可能性である。したがって、原始貨幣の支払いの行為が意味していることは、嘘つきのパラドクスと同じ形式の逆説である。「この命題は偽である」という命題と同じように、「これは支払いではない」という支払い。

ここは、前章で述べたことを再確認すべきところだ。(成熟した)貨幣の本質は負債である、と。貨幣とは、一般に受け取られ流通する借用書である。もちろん、負債は(いずれ)返済されるという想定がなければ、それが貨幣として(後続の)他者たちに受け取られ、流通することはない。そうであるとすれば、市場で流通している貨幣は、原始貨幣とは正反対の指向を担っていることになる。原始貨幣の方は、負債はどうやっても返済されないだろうということを表現しているからだ。

しかし、状況をもう少しだけ繊細に観察すれば、両者の関係にはもうひとつのひねりも加わっていることが分かる。市場で貨幣が流通するためには——返済可能性についての想定を保ちつつ——、実際には、決して、そこに含意されている負債は返済されてはならなかった。とするならば、市場で流通している一般の貨幣もまた、「これは(まだ)支払いではない」という表示になっていることになる。原始貨幣が論理的に含意していることを、通常の貨幣は、時間的に——未来への先送りとして——展開しているようにも見える。

いずれにせよ、原始貨幣が、それに対する支払いが不可能だと宣言している対象は、任意の贈り物ではなく、特定の贈り物である。原始貨幣がいかなる手段によっても清算できないとしている贈り物は、人間——典型的には女性——である。だから、原始貨幣と一般の貨幣とを対比すると、何重にも反転が生じていることになる。まず、原始貨幣から一般の貨幣へと移行するためには、支払いに関して想定されている対象が、特定の対象(人間)から任意の対象へと普遍化されなくてはならない。また、支払いの不可能性は、支払いの可能性へと逆転するのだが、同時に、「支払われてはいない」という刻印は、(論理ではなく)事実の水準で保存されている。

＊

それにしても、どうして、人間(女性)が贈られたとき、それによって生じた負債は、決して返済しえないものとして、つまり無限の大きさとして現れるのだろうか。人間一人ひとりの命は尊く、地球より重い、などという近代的なヒューマニズムのようなことを言って、片付けるわけにはいかない。デヴィッド・グレーバーは、「ひとの生命は絶対的な価値」であり、「それに対する等価物はありえない」と説いているが、これはトートロジーである(Graeber 2011 = 2016: 221)。

何が、「ひとの生命」にそのような特権を与えているのか。人間(女性)の贈与に対して支払うときには、他の物を「買う」ときとは何か根本的に異なった破格な性質がある、と感じられているはずだ。それは何だろうか。

個人は、自らが所属する家族や共同体の中で、何らかの規定された役割を担い、それによって同一性《アイデンティティ》を得る。たとえば、育児をする母親として、食物の採集の労働に従事する主婦として……。人間(女)の贈与において、その人間(女)が共同体の中で果たしうるこうした機能(だけ)が主題になっているのであれば、それに関して、「支払いの不可能性」という特異な性質が宿るのは、奇妙だと言わざるをえない。さまざまな機能を担った他の物、たとえば食用の豚だとか、歩くときに使う草履だとかは、支払いが可能な対象とされているのだから。

それならば、何が、人間(女)を、それに対する支払いが不可能な特権的な対象たらしめているのだろうか。抽象的な「生命の価値」に訴える論理とは別に、すぐに思いつく理由は、「私の妹」「私の娘」はまったく特異であり、かけがえないからだ、というものがある。このような論拠にもグレーバーは訴えており、この論理は現代人には分かりやすくもあるのだが、今われわれが注目している現象は、これでは説明できないことは明らかだ。原始貨幣によって花嫁に対する支払いをなすことはできないが、男性側の家族もまた、自分の妹や娘をお返しとして贈れば、支払いが完結したと見なされるからだ。私の妹は彼の妹と代替可能だったことになる。代替不能な特異性(単独性)が認められているとしても、その対象となっているは、個人のレベル(私の妹、私の娘……)ではなく、どこか別のレベルであるはずだ。

## 4 「これは支払いである」

原始貨幣は、支払いようのない負債の承認のトークン(しるし)である。ロスパベに従って、このように述べた。ところが、同じ原始貨幣が、普通の貨幣のように使われる場合がある。つまり、原始貨幣が、普通の支払いに、つまり負債を消滅させるような支払いに使われる場合もあるのだ。原始貨幣の意味が完全に逆転する。どのようにしてこのような転化が生ずるのか。この点を明らかにすることが、前節で提起した問いを解くためのヒントを与えてくれる。

原始貨幣の使用法は、どのようなケースにおいて反転するのか。本来支払い不可能性のしるしだった原始貨幣が、どのようなケースにおいて、まさに通常の支払いに使うことができるのか。またしても、ティヴ族の例をとってみよう(Graeber 2011 = 2016: 221–2)。前節で述べたように、男が、妻を迎えるにあたって、その妻と引き換えに譲ることができる適当な姉妹をもたないとき、原始貨幣を、妻となるべき女の両親や後見人に贈ればよい。だが、このやり方は、男の立場からすると、限界がある。女は、完全には彼のものとはならず(女は出身家族に最終的には所属していると見なされ)、しかも、男は永遠に支払いを続けなくてはならない。だが、ある例外的なケースにおいては、男は、女を完全に自分のものにすることができる。つまり、女を買うことができるのだ。

どんな場合か。十分に遠い国から誘拐してきた女性(つまり奴隷)であれば、男は買うことができた。男は、婚資に使われるのと同じ原始貨幣によって、その女を手に入れられたのだ。このケースでは、男は、その気になれば、女を他へと転売することもできた。もちろん、ほとんどの男は、そんなことはせず、女を、通常の妻として遇したが。

ここで重要なことは、女は、遠い国からの戦利品、戦争で得た捕虜だということだ。近くからではダメである。すぐ近くの国や部族との戦争、近くの国・部族からの略奪は、この章の冒頭で見たように、互酬的な贈与の一種として意味づけられてしまう。そもそも、前節で見たように、通常の結婚のケースでも、男は、女を、相手の家族から略奪したかのようにふるまうのだ。この場合には、しかし、原始貨幣は負債を消滅させることはない。原始貨幣で女を買うことができるのは、女がほんものの戦争によって得られた奴隷の場合、つまり報復戦争へと転化しない、はるかな遠隔地にある国との戦争で獲得した女である場合に限られる。

一般の結婚では、原始貨幣は、女が贈られたことで生まれた負債がどうしても返済されえないということを表示していた。しかし、遠くの国から強奪してきた女との結婚においては、原始貨幣で女を買うことができた。原始貨幣（ティヴ族の場合には真鍮棒の束）をP、女をAとすれば、一般の結婚においては、

$$P \neq A$$

である。等号が成り立たないのは、有限の価値をもつ左辺Pに対して、右辺の価値Aが無限大と

見なされているからだ。それに対して、女Aが奴隷であったならば、

P＝A

である。これは、普通の売買のときと同じである。二つの式の違いをもたらしているのは、もちろん右辺である。

違いのポイントはどこにあるのか。違いをもたらしている要因を、正確に特定したらどうなるのか。この点に関しては、グレーバーが的確な答えを出している。遠くから誘拐されてきた女は、社会的文脈から物理的に切り離されている。一般に人は、自らが所属する家族や共同体の中で――家族や共同体を構成する諸関係の網の目の中で――何者かである。しかし、奴隷や捕虜は、何者かとしての同一性《アイデンティティ》を与えてくれる社会的文脈から剝奪されてきた者たちだ。一般の結婚においては、駆け落ちのような仕方で連れ出されたとしても、女性は依然として、出身家族や出身部族の社会的文脈に埋め込まれている。しかし、遠くにまで誘拐されてきた奴隷は、そうした社会的背景を完全に失った者たちだ。

人間を売買の対象とするためには、その人間を社会的文脈から――暴力を用いて物理的に――切り離す必要がある。だが、社会的文脈の中に位置づけられている限りは、人間(女性)は、どのような支払いによっても譲渡され尽くさない対象として現れる。そのような人間(女性)を贈られた者は、返済できない負債を負ったことになる。どうしてなのか。生命の尊さのようなものでは

説明できないことは明らかだ。奴隷も生きているのだから。

＊

なぜ人間(女性)は、それに対する支払いが不可能な対象として現れるのか。その点に答える前に、もうひとつだけ留意しておきたいことがある。何が、つまりどのような物質が、原始貨幣として使われるのか。それは、共同体ごと、地域ごとにさまざまだ。ティヴ族は、真鍮棒だった。メアリ・ダグラスの調査によって知られている、アフリカのレレ族では、ラフィア布という生地やカムウッドと呼ばれる棒が使われている。他に、地域ごとに、飾り玉、貝殻、羽、イヌの歯、そしてもちろん金や銀、腕輪やネックレス等々が使われる。きわめて多様だが、これらの間には明らかな共通性がある。これらのほとんどが、身体の装飾に使われる物なのだ(Graeber 2011＝2016: 221, 241)。たとえばレレ族のラフィア布は、衣類のための主要な布地であり、カムウッド棒は、男女の化粧に使われる赤い塗り粉の素材なのだという。ティヴ族の真鍮棒は、装身具の素材であり、またそのままねじって、踊りのときに装着されたりもするらしい。例外もあるが、ほとんどが身体の装飾品に関係している(例外の中で最大のものは「牛」だが、それについては後に論ずる)。

身体をこれらの物品によって装飾する意味はどこにあるのか。それらは、生《なま》の身体を社会的存在へと変容させる。装飾物や衣類がないむき出しの身体は、前社会的で動物的な水準にある。装飾されることによって、身体は社会内存在となり、共同体の正式なメンバーとして――他のメンバーたちから――承認されるのだ。身体に対してこのような効果をもつ物体が、そのまま原始貨幣の素材として活用されていることになる。さらに再確認しなくてはならない。社会内存在としての身体は、身体を社会化する効果をもった物体から成る原始貨幣をいくら積み重ねても、それによっては支払われることがない余剰を帯びたものとしてたち現れているのだ、と。

## 5　差異から矛盾へ——ヘーゲル『大論理学』を手掛かりに

ここまで準備しておけば、この余剰がどこから来るのかについての考察を前に進めることができる。人間(女)に対しては、どうして支払いが不可能なのか？　その不可能性が逆説的な性質をもった原始貨幣の支払いによってことさらに示されなくてはならないのはどうしてなのか？　ここにどのような論理が働いているのか？

この文脈で、ヘーゲル『大論理学』のある一節が、われわれの探究に助け舟を出してくれる。そこで彼は「父」を例にとって、社会的役割に関する規定が、差異から矛盾へと移行する、と論じている。「差異」は、同一性の裏面である。たとえば「父」という同一性は、「子」との差異において規定される。「差異」は、それゆえ、何ものかとして積極的に同定できるので、意味作用を付与されている象徴的なもの(原始貨幣)と等号で結ぶことができる。しかし、「矛盾」は、何ものかとしての同定から逃れているので、そのような等号が成り立たない。ヘーゲルは、いかなる論理で、差異から矛盾へと移行すると論じているのか。

父は子の他者であり、子は父の他者であって、各々はこのように他者の他者としてのみある。しかも同時に、一方の規定は他方との関係においてのみある。……父は子に対する関係を離れても独立的に或るものである。しかし、その場合には、父は父ではなくて、男一般である。……互いに対立した二つのものは、それらが同一の見地において否定的に関係するものであり、或いは相互に止揚しあい、相互に無関心であるそのかぎりにおいて矛盾を含んでいる。(Hegel 1812–16＝1994–95→2002. 引用は『ヘーゲル　大論理学　中巻』武市健人訳、八〇頁)

ここでヘーゲルはどこに「矛盾」が含まれている、と言っているのだろうか。しばしばなされてきた解釈は、私が(子との関係においては)父であり、(自分の父との関係においては)子である、ということが矛盾だ、というものだ。しかし、父であるという規定と子であるという規定は、異なる関係を前提にしているのだから、その両方であるということは矛盾でも何でもないし、ヘーゲルは実際、そんなことは問題にしていない。

注目すべき部分は、父である私は、子との関係から離れても自分の存在を有しているのだが、このときには、単なる「男一般である」にすぎない、つまり何ものでもない――無である――とされていることだ。矛盾はここに、つまり私が父でありかつ無である、という部分にあるのだ。私が他者(子)に対して何であるか(父である)ということと、私が、他者との関係から離れて、自分自身において――あるいは自分自身に対して――何であるか(無である)ということとは、互いに否定的に関係しあっており、矛盾を含んでいる。ヘーゲルはこのように論じているのだが、もう少していねいに解釈してみよう。

マルクスが言うように、人間は諸関係の総体《アンサンブル》であり、他者との関係から離れてしまえば何ものでもない。にもかかわらず、その「無」であるというレベルを、考慮に入れなくてはならない、というのがヘーゲルの主張だ。肝心なことなので繰り返し確認しておこう。私が他者との関係の内部で何ものかである、まさにその限りで、私が関係から切り離されたときには無であるということが意味をもつ（さきに引用した文章の中で、「同一の見地において」とあるのは、この点を指す）。逆に言えば、私の対他存在、私の社会的存在が最初から無視できるのであれば、私が「無である」という水準も問題にすべきことがらではなくなる。どうしてなのか？ どうして、私が他者との関係において何ものかであるとき、そうした関係から切り離された私の「無」が必要になるのか？

それは、次のように説明できるだろう。私は、他者との関係の中で、何ものかとして、たとえば「父」として規定される。このような規定が効力をもつのは、つまり私が「父」たるものが何であるべきかを自覚し、「父」らしくふるまったり、「父」の規範に反したときには罪の意識をもったりするのは、私が、私に「父」という役割を配分する関係のネットワークの全体を肯定し、それをあえて選択して引き受けている限りにおいて、である。「関係のネットワークの全体」とは、「父」を位置づける家族内的な関係のすべてとか、あるいは家族をその内部に含む共同体の内部の社会関係のネットワークのすべてである。そうした「関係のネットワークの全体」を引き受ける「私」とは何かと考えたとき、私は他者との関係から切り離されれば何ものでもないのだから、それは結局、さしあたっては、「無」であるというほかあるまい。そして、私がこのように空虚である以上は、私にとっての対象、私が引き受けようとしている「関係のネットワークの全体」もまた、積極的には何であるとも規定できない「無」として現れる。ここでは、言ってみれば、無(関係のネットワークの全体性)の自己規定、自己言及が問題になっているのだ。

＊

ヘーゲルを経由した以上の考察を手掛かりにして、本来の問いへの結論を引き出すことができる。人間(女性)を贈与されたことで生まれた負債がどうして返済しえないものとして現れるのか？　つまり人間(女性)がそれに対する代価が不可能な対象となるのか？

女性は、家族とか氏族とか、あるいは部族とかといった自らが所属している共同体において、何ものかとしての社会的な同一性《アイデンティティ》をもつ。彼女は、出身家族において、「娘」であり、「姉妹」である。このとき、同時に、ヘーゲルに即して見てきたような論理が作用して、彼女がコミットし、引き受けている「関係のネットワークの全体」も主題化されている。つまり、彼女が所属している家族や氏族や部族が何であるかが、主題化されている。

それゆえ、男性の家族が、別の家族の中で「娘」であり「姉妹」でもあった女性を、妻として贈られたとき、その女性には、彼女の出身共同体(出身家族)の同一性《アイデンティティ》そのものが託されている。そうであるならば、女性の受け手となる男性側の家族は、女性の有用性に対してではなく、その女性の背景となる相手の共同体の同一性に対して、支払わなくてはならない。だが、その同一性は、積極的には規定しえないものとして、つまり「無」として現れるしかない、ということを述べてきた。原始貨幣のような象徴的な財が意味する逆説、「それに対して等価なものを返すことで支払うことは不可能だ」という表示は、女性に託されている共同体の同一性の規定不可能性に対応しているのではないだろうか。

原始貨幣は多くの場合、人間の社会的な存在性格を表示する物体である。女性が贈られたとき、「これによっては支払うことは不可能だ」ということを示すトークンとして原始貨幣が支払われるのだった。この原始貨幣によって意味されており、それを一方が与え、他方が受け取ることで両者が承認することは、贈られた女性に仮託された彼女の出身共同体の同一性である。しかも、その同一性は、「規定不可能だ」という逆説の形式で指示されている。この逆説が、原始貨幣の逆説（「これは支払いではない」）に正確に対応している。

先に、「原始貨幣が女への支払いになりえないのは、女を贈る家族にとって、娘であったり妹であったりするその女がかけがえのない個人だからだ」という現代人にも分かりやすい論理を退けた。だが、この論理には半分の真実がある。「かけがえのない」という単一性、いかなる述語によっても記述できない特異性が想定されているのは、その女性個人ではなく、女性が所属している共同体である。

しかし、女性を、所属共同体から暴力的に、物理的に引き剥がしてしまえば、つまり女性からその社会的な存在性格を奪ってしまえば、今述べてきたような、複雑な問題はすべて消え去る。女性は今や、その身体の直接の有用性によって売り買いされることになる。労働力としての価値、出産能力としての価値は計算可能であり、それに対する支払いも可能だ。遠くの国から戦利品として奪ってきた女性、奴隷としての女性に対してであれば、原始貨幣によって支払いを完結させることができる。

## 6　男の名誉

遠くの国から戦利品として奪ってきた女性を奴隷化したとき、その奴隷に対しては、原始貨幣は、支払い手段として機能する。ここに原始貨幣から通常の貨幣への転換の予兆がある。この論点の延長上で、デヴィッド・グレーバーは、「名誉」――人間としての基本的な尊厳を超えた名誉――、とりわけ「男の名誉」に関して、すこぶる興味深い見方を提起しており、検討に値する(Graeber 2011 = 2016: 250–9)。

グレーバーによれば、名誉 honor は、尊厳そのものとは別のものであって、言わば剰余尊厳 surplus dignity(過剰な尊厳)である。資本家が得る剰余価値は、労働者の労働力の搾取に基づいている。それと同じように、剰余尊厳である名誉は、他者の名誉の剝奪と相関している。一方の側に名誉が発生しているとき、他方の側では、それとちょうど見合った名誉剝奪 degradation が生じている、というのだ。どういうことなのか。そして、このことが、これまでの議論は、どう関係しているのか。

ある者 a が、誰か別の者 b を、b が埋め込まれている家族とか部族とかといった社会的文脈である共同体 B から切り離し――典型的には奴隷として奪い取り――、自分自身の社会的文脈 A の中に再定位したとしよう。ここで、もう一度、確認しよう。人間bはBから切り離されていない社会的存在としては、無限の価値をもち、それに対する支払いは不可能だった。つまりbには尊厳があった。しかし、bがBから暴力的に切り離されてしまえば、bは、普通の商品のように売買可能なものになっている。このとき、bを奪われた共同体(家族や部族)Bの側には、名誉低下が生じている。この低下した分だけの尊厳の剰余が、bを奪った側――つまりaとA――には発生しているはずだ。これが、「名誉」の起原だというのが、グレーバーの説である。名誉は、「交換」のゲーム、一種のゼロサムゲームで発生する、ということになる。

グレーバーは、いくつもの歴史的事実によって、名誉をめぐるこのような解釈を裏付けようとしている。最も単純な例だけを紹介しておこう。中世初期のアイルランドの経済である(Graeber 2011 = 2016: 259–66, Doherty 1980: 67–89, Eska 2011: 29–39)。その内部では、ほとんど市場らしきものはなかった。つまり、贈与による互酬的な交換が、主要な経済の形態であって、日用品などには価格はまったくついていなかった。贈与において支払いとして使われる、原始貨幣の代表は「牛」であった。たとえば、領主は、臣下には牛を贈与し、臣下は領主に定期的に食物を納めなくてはならなかった。ただし、外国との間では、交易がなされていた。しかし、アイルランドにはたいした鉱物資源がなかったので、外国からの奢侈品に対する支払いとして使われた「貨幣」は、「牛と人間(奴隷)」であった、と言われている。とはいえ、現存する最も古い記録がある六〇〇年前後には、すでに奴隷交易は――おそらくキリスト教の影響で――消滅していたので、交易の支払いは、牛やコップ、銀製品(ブローチなど)が、また取引が小規模なときには小麦やオーツの袋が使われていた，という。ここで，注目しておきたいことは，アイルランドの内部で行われた贈与においても，また外部の国との交易に関しても，負債を計算する貨幣の単位が，「クマル cumal」だったことである。クマルとは，少女奴隷のことである。なぜクマルなのか。すでに少女奴隷によって支払われることはなかったのに。

名誉は，アイルランドでも，特別に重要な観念であった。名誉は，他者の目に映った尊敬の印であり，それゆえ「面目 face」そのものである。また，ある人物の名誉は，侮辱や不名誉から彼自身やその家族・従者を守る能力であるという意味で，「力」でもある，とグレーバーは述べる。当時のアイルランド社会では，すべての自由人に，名誉代価 honor price が定められていた。名誉代価とは，その人物の尊厳への侮辱に対して，支払われなくてはならない価格である。等級づけられており，これこそ，まさに「クマル」で計算されていた。たとえば，王の名誉代価は七クマル，つまり少女奴隷七名分である。だが，今しがた述べたように，王を侮辱したときに，侮辱者が実際に支払ったのは奴隷ではなく，乳牛(二十一頭)や銀(二十一オンス)だった。しかし，クマルで名誉代価は表示されたのだ。

名誉代価は，「贖罪金」とは別のものである。贖罪金とは，生命の価格であり，その人物を殺害したときに支払われなくてはならない賠償金にあたる。その人物の重要性のいかんにかかわらず，ほんのわずかな侮辱によって，名誉代価の支払い義務が発生したという。たとえば，その人物を饗宴に招待しなかったとか，恥ずかしいあだ名を付けたとか，風刺によって侮辱したとか，である。風刺に関していえば，中世アイルランドでは，それは洗練された技芸であって，詩人は魔法使いの類と見なされていたところが興味深い。巧みな――たとえば上手に韻をふんだ――風刺によって、ねずみを殺したり、敵対者を傷つけたりすることができるのだ、と。風刺のこうした魔術は、おそらく、相手の尊厳にたいする攻撃性の類推から来ているのではないだろうか。

あまりにも不名誉なことをやった場合には、その人物の名誉代価が降格になることもあったという。不名誉なこととは、訪問してきた富豪を門前払いにしたとか、逃亡者をかくまったとか、盗品と分かっている牛のステーキを食べたとか、自分を侮辱する詩人によって風刺されるがままにしていて、裁判所に訴え出なかったとか、である。この制度を見ると、中世のアイルランドでは、政治権力と司法権力とは分離していたことが分かる。政治権力の頂点にいるはずの王に対してさえも、戦場で逃亡するとか、王の威厳にふさわしからぬ労働（畑仕事など）をしたとか、といったことを理由にして、裁判官は、名誉代価の降格を命令したのだから。

それにしても疑問は、なぜクマルなのか、である。名誉代価はどうしてクマルで計算されているのか。互酬的な贈与における負債は、どうして、実際には使われてはいない少女奴隷で計算されたのか。交易における、貨幣価値の計算単位がクマルであったのは、どういう理由によるのか。奴隷の有用性の類比的な拡張ということでは、説明できない。そもそも、奴隷とは、名誉代価がゼロの者なのだ。それをいくら積み重ねても、自由人の名誉代価と等しくはならないはずだ。また奴隷の有用性が重要ならば、なぜ、実情に合わせて、牛の有用性で計算しなかったのか。ここで見てきたすべての使用例において、少女奴隷によって表現するのが最も適切だ、という感覚があったはずだ。それは何か。

ある個人を奴隷にする。その奴隷化によって、その個人から尊厳が奪われる。その奪った尊厳の大きさが、「名誉」の表現にふさわしい、という感覚があったのだろう。結局、ある個人の名誉とは、他者の尊厳(名誉)を奪い取ることができる能力だったからだ。尊厳を奪われた者は、それへの支払いが可能な事物になる。貨幣の価値もまた、奴隷によって表現されたのはこのためであろう。

＊

名誉を――グレーバーに従って――このように捉えておくと、たとえば王が一般に、周囲に多くの奴隷や宦官を侍らせておくのはどうしてなのか、も理解できるだろう。一般に、王の名誉は、言わば、彼が奴隷化しうる他者たちの尊厳の総量である。このことを誇示するために、王は奴隷や宦官を周囲に置く。このようにして、最大限に賞賛される身体と最高に貶められている身体との間には、表裏一体の関係が構成される。

ホメロスの時代(紀元前八世紀)は、ギリシアも、市場経済が未発達の段階にある。西洋文学の最初の傑作とされるのは、言わずとしれた『イリアス』だ。この長篇叙事詩の発端に置かれた物語は、今日のわれわれから見ると、きわめてささいな諍いである。トロイアを攻めているギリシア軍の内部で、総大将アガメムノンと勇者アキレウスが喧嘩をするのだ。アキレウスが持っていた女奴隷を、アガメムノンが理不尽な理由で取り上げ、その処遇を、ギリシア軍の仲間も支持したため、アキレウスは激怒し、自軍から去ってしまう。この争いの原因となった女奴隷は、アキレウスの戦利品である。彼は、トロイアのある町で、彼女の夫とその兄弟を殺害し、女を誘拐してきたのだ。ここで、奴隷化することで奪った尊厳こそが、名誉として蓄積されるというグレーバーの説を受け入れると、アキレウスの怒りの意味が、今日のわれわれにも理解可能なものとなる。『イリアス』では、この女奴隷はアキレウスを愛していたということになっているが、それは粉飾であり、強姦を賛美しているかのように思われることに居心地の悪さを感じた詩人が、事実(あるいはもとになった伝承)をねじまげたのではないか、とグレーバーは推測している(Graeber 2011 = 2016: 691)。

どんなに名誉がある者でも、不幸な戦いに敗れ、捕虜になってしまえば、たちどころに奴隷になる。『オデュッセイア』のオデュッセウスは、イタケーへの帰還の途中で、何度も奴隷になりかかる。戦うということは、戦士にとって、名誉のすべてを賭けることである。別の観点から見ると、負けたときに失墜する量が大きければ大きいほど、偉大な戦士だったことになる。グレーバーは、三世紀のローマ皇帝ウァレリアヌスのエピソードを引いている(Graeber 2011 = 2016: 285)。彼は、エデッサの戦いで敗れ、捕虜となり、残りの人生を、ササン朝の皇帝シュープール一世が馬に乗る際の足台として過ごした…ことになっている。多分、これは、ほんとうのことではない。だが、人は、皇帝の零落の大きさに感動し、心惹かれるのだ。これこそ、逆に、皇帝の威厳と名誉を裏側から照らし出しているからである。

## 7 家父長制のひとつの起原

ここで再び、通常の結婚の方に目を向けてみよう。女を戦争によって強奪して、奴隷にすれば、その反作用として、奪った男側には剰余尊厳としての名誉が発生する、と述べた。通常の結婚も、承認された略奪の形式をとっており――さきに紹介したティヴ族の結婚のことを思うとよい――、その意味では、同じ指向性をもっている。つまり、男は女を奪い、自身の名誉としようとしている。が、通常の結婚では、それは成功しない。結婚しても、女はもとの家族や後見人への所属を失わないからである。そのことの表現が、繰り返し述べてきたように、原始貨幣の本来の使用法である。つまり、女を贈られた男とその親族に、返済しきれない負債が残っている、ということを示すのが原始貨幣である。

逆に言えば、女がほんとうに奪われてしまえば、この事実は、奪われた側の家族や共同体にとっては、著しい侮辱、名誉剝奪を意味する。前節で、ホメロスの『イリアス』に言及したので、ここでも、この叙事詩を思い起こすことにしよう。ギリシア人（アカイア人）とトロイアの間で、どうして戦争がなされたのか。それは、トロイアの男（パリス）が、ギリシア側の女（スパルタ王メネラオスの妃ヘレネ）を奪い去ったからである。神話や叙事詩上のこととはいえ、古代ギリシアにおいては、女を奪われることは、遠征軍を送り、十年も戦い続ける十分な理由になりえたのである。

「女を奪われる」ということは、本来は、女が戦争等における暴力によって連れ去られることを意味していたはずだが、ここまでの議論を前提に考えれば、それだけではないことが分かるだろう。貨幣によって女が買われてしまえば、その女は奪われたのと同じことになる。繰り返し述べてきたように、女性を贈られたことで生じた負債は、本来は、返済できない。しかし、もし女を受け取ったことに対して、完全に支払いがなされてしまったならば、女は出身家族から奪われたことになる。支払いの完結は、その女が、本来の社会的文脈から完全に切り離されたことを意味しているからである。そして、もう一度確認すれば、それは、奪われた側にとってはたいへんな屈辱である。

貨幣の使用が一般化し、それとともに貧富の差が出てくれば、貧者にとっては、「結婚」が、事実上、娘を売却することを意味するようになる。貧しい家族にとっては、その構成員は賃貸したり、売却したりすることができる商品になるのだ。家長が妻や娘に売春させることもあった。フェミニストの歴史家ゲルダ・ラーナーによれば、商業売春のひとつの源泉は、農民の窮乏化や(飢饉を生き延びるための借金に起因する)債務奴隷の発生にある。子が借金の担保として譲渡されたり、「養子」の名目で売られたり、ということもあった。奴隷に代わる手段として、女たちがみずから売春婦になることもあったという(Lerner 1986＝1996)。

ここで興味深いのは、富裕層の反応である。家族の女が買われたり、奪われたりすることは、その家族(の男)にとっては、著しく不名誉なことである。だから、一定以上に裕福な家族は、自分たちの娘や姉妹の身体が、いかなる条件がつけられようと売買の対象とはなりえない、ということを外部の人々に誇示しなくてはならない、ということになる。たとえば、娘の処女性ということが家族にとって重要な価値をもつことになる。処女性にこだわったのは、その女性の兄弟や父親である。未婚の女性が処女ではない——彼女がすでに奪われている——という噂がたつことは、彼女を保護している兄弟や父親にとって不名誉なことだったからだ。こうして性的存在としての女性が、特定の男性の私的領域の中に囲い込まれ、永久に帰属させられる、ということが生ずる。

たとえば、今日、イスラーム教との関係でしばしば問題視される、女性のヴェール着用の慣行の源流も、こうした状況にある。ヴェールは、女性の肉体性が、男の私的領域の外部に露呈することを防止するためのものである。ヴェールは、彼女が、売られることのない女、卑しからぬ respectable 女であることを表示した。中東におけるヴェール着用は、イスラーム教がもたらしたものではない。ラーナーによれば、紀元前一四〇〇年から前一一〇〇年の間に制定されたアッシリア時代の法典に、ヴェール着用についての、知られうる限りでの最古の言及が見られるという。売買の対象となる卑しい女と売買されえない卑しからぬ女との間の区別を定め、管理することが国家の責任であると見なされていたのである。この法典は、高貴な女から卑しい女までを、五つのランクに区分しているという。今日のわれわれにとって意外に思えるのは、処罰は、しかるべき女性がヴェールを着用しなかったときに科されるのではなく、逆に、娼婦や奴隷なのにヴェールを着用した女性に向けられた、ということである。

家父長制は、ある種の「純潔」の保護という目的のために、女性を、男性が支配する家族の私的領域に封じ込め、女性の自由度を奪う、このようなやり方に、ひとつの起原をもっている――とグレーバーに従って、こう言ってもよいかもしれない（Graeber 2011 = 2016: 275–6）。そうだとすると、家父長制は、（女性の）性的な身体をも商品となしうる市場化に対する反動、市場化の拒絶に——すべてではないにせよひとつの——源泉がある、ということになるだろう。市場の浸透に抗って、父による統制を維持し、再強化しようとした産物として、家父長制が生まれたのである。

*

売春については、後論のために、もう少し述べておかねばならないことがある。古代の文明社会の中には、しばしば、神々に捧げられたり、神々と結婚したと見なされる女性がいる。たとえば、シュメール人の神殿の女神官が、その種の女性に含まれる（日本の伊勢神宮の斎宮もまた、同種の女性である）。しかし、神々と結婚している（神々に捧げられている）ということは、具体的には、どのような行動をとることなのだろうか。神々と結婚した以上は、人間とは結婚してはならない——実質的には独身を通す——というケースもある。また、人間の男と結婚してもよいが、子をもつことは許されないというケースもある。エリート層の情婦となる（エリート層のパトロンをもつ）ことが公認されているケースもある。そして、神殿への参拝者に対して、性的なサーヴィスをすることに責任を負う場合もあったという。この場合、女性がやっていることは売春と同じである（Graeber 2011 = 2016: 273, Stol 1995: 123–44）。

どのような行動をとる場合でも、これら神々に属する女性たちは、「文明化」ということを体現していると考えられていた。どうしてか。神々と結婚したということは、その女性は、自らが所属していた家族や部族から切り離された、ということである。その意味で、女性は、もはや、贈与交換を中心とする経済の中にはいない。神々の嫁たちは、市場や都市によって特徴づけられる世界へと移行しているのだ。彼女たちが文明化の化身と見なされるのはこのためである。実際、彼女たちは、舞踊や音楽のような技芸において、あるいは暮らしの所作においても、きわめて洗練されていた。

聖なる神官的女性と文明との結びつきを表現している実例として、グレーバーは、『ギルガメッシュ叙事詩』のエンキドゥの物語を引いている(Graeber 2011 = 2016: 274)。『ギルガメッシュ叙事詩』は、半神半人の英雄にしてウルクの王ギルガメッシュの活躍をうたった叙事詩である。エンキドゥは、ギルガメッシュの親友になる人物で、ギルガメッシュとともに戦い、冒険する。エンキドゥは、しかし、神の血が混じっているギルガメッシュとは違い、最初は、半分動物である。彼はいつも裸で過ごし、全身が体毛で覆われ、動物たちと一緒に暮らしていた。エンキドゥは非常に強くて、都市の人々は彼を打ち負かすことができない。そこでギルガメッシュと市民たちは、イシュタルという神の神官でもあった聖娼婦を、彼のもとに送り込む。彼女はエンキドゥの前で裸になり、六晩七日にわたって彼と交わり続けた。すると、エンキドゥは、脱動物化したのだ。仲間だった獣たちが、彼から逃げ去り、彼の方でも、獣の言葉が理解できなくなっていることに気づく。神性を帯びた女性と交わったことで、エンキドゥは、動物性から離脱し、叡智を身につけ、文明化された人間になった、というわけである。

エンキドゥの物語は、しかし、叙事詩の終盤に、不吉な逆転を暗示している。不幸な展開の末に、エンキドゥは、神々から死を宣告される(神々の力によって致死的な病に侵される)。この運命を嘆いた彼は、自分を動物的境遇から引き離し、人間化したあの聖娼婦を、激しく呪ってしまう。街娼に身を落とせ、と。酔っ払いの客を相手にするような女になってしまえ、と。そのあと、彼は太陽神に説得され、悔い改め、聖娼婦に神の加護があるようにと祈るのだが、その前の彼の呪詛は、娼婦の両義性の表現になっている。聖娼婦と街娼は紙一重なのだ。

神々に仕える女は、神によって(彼女の出身共同体から)奪われた者である。神々に捧げられ、神々に特別に近しいということからすれば、彼女には高貴さや聖性が宿っている。しかし、彼女をもともと後見していた社会的文脈を剝奪されているという観点から、女性を捉えれば、彼女は、尊厳なき卑しい身体と同じである。

*

この章での考察は、人間を贈与へと駆り立てているものは何か、という本来の探究の目標から大きく逸脱したように思われるかもしれない。しかし、本章で導いてきたことがらはすべて、次章で、この問いにそって探究を前進させるための伏線になっている。

# 第4章　所有と贈与

## 1　贈与の対立物としての所有

人はなぜ贈与へと駆り立てられるのか。この問題を解くために、もう一度、贈与とは対立する状態を観察することにしよう。贈与と対立する行為は——略奪ではなく——占取である。占取に反復可能性を与えコード化したときに「所有（と非所有）」となる。「所有」というコードは、ルーマンによれば、さまざまな様式の交換、とりわけ商品交換とセットにならなければ、安定的に機能しない。所有は必ず非所有者を生むわけだが、稀少性を増大させた非所有者に挽回の可能性を与えておかなくてはならないからだ。言うまでもなく、商品交換は貨幣によって媒介される。したがって、「所有」というコードと「貨幣」というメディアとは、相補的な関係にある。

贈与の反対物の系列を追っていくと、商品交換に行き着く。互酬性を指向する贈与と商品交換は、一見、類似している。貴重な財の移動が対照的で双方向的であること、そして交換当事者の平等性が——当為として——想定されていること、これらの点で、両者は共通している。しかし、商品交換と贈与交換の間には、顕著な違いがある。「所有」という概念を前提にして両者を比べたときには、次のように言うことができる。第1章第4節でも述べたように、商品交換では、交換に供される対象に対する所有権が包括的に移動するが、後者では、贈与ののちにも、所有権の根が贈与者に残っている、と。あるいは、より厳密には、贈与においては、所有(権)なる概念が機能していない、と言うべきだろう。何かを買うということは、その何かの所有権が買い手のものになる、ということと同義である。贈与においては、あたかも、物に伸び縮みするゴムのような紐が結びついているかのようであり、その紐の端点は、(最初の)贈与者のもとにとどまっている。つまり、贈与された物は最後まで、究極的には贈与者に所属しているのだ。

商品交換は——所有権を包括的に移動させてしまうために——、人間の間に関係を形成する力をもたない。関係は、商品が交換されているその場だけのものに限られる。商品交換の現場を超える関係が形成されることはない。それに対して、贈与は、与えた側と受け取った側の間に、贈与の瞬間をこえて残存する(半)永続的な関係を形成する。前章でわれわれは、ロスパベに示唆されながら、人間(女性)は、それに対する返済が不可能なものとして、贈られる、と述べた。贈与が形成する関係は、この完全には消滅しない負債の影である。

このように、贈与と(商品交換と必然的に結びついている)所有とは、対立的な関係にある。そこでまず、「所有」という概念の内的な構成を見ることにしよう。その上で、いわば、「所有」から逆算するようにして、「贈与」を成り立たせている仕組みを解いてみよう。

＊

商品交換の支配、商品交換がその社会の覇権的な交換様式になるとき、同時に、所有(権)の観念が成立する。そして所有権こそ、すべての権利の原型である。われわれは、なになにの権利を所有する、等と言う。さらに、所有権自体が、自己適用的に所有の対象になる（「所有権を所有している」と）。この観念を法的に整備したのは、もちろん西洋である。西洋における所有権の概念の起原を概観しておこう。

この概念の源流も、他のすべての重要な法的概念と同様に、ローマ法にある。ルドルフ・フォン・イェーリングに、ローマ帝国は三回、世界を征服した、という有名な言葉がある。一回目は、軍隊による征服であり、二回目は、宗教による征服、そして三回目は、法律による（Ihering 1877）。グレーバーは、後にいくほど征服の程度は徹底している、とイェーリングの格言に付け足し的な文言を加えている（Graeber 2011＝2016: 300）。確かに、一回目は、ローマ帝国自体も軍事的に崩壊していることを思えば一時的な征服に過ぎないし、また空間的にも、今から振り返れば、ユーラシア大陸の一部を征服しただけであって、後にはもっと大きな帝国も現れている。二回目の征服は、確かにより持続的でかつ広範囲に及ぶものだが、ローマ帝国による征服というより、ローマ帝国もまたそれによって征服された宗教であるキリスト教による征服を指している。これらに対して、三回目の征服は、正真正銘のローマ帝国による征服であり、かつ近代生活に不可欠な概念の多くを提供し、今日のわれわれもその影響圏の中にある。

では、ローマ法において所有 dominium（ドミニウム）とは何か。それは、人が物に対してもつ絶対的な権力によって特徴づけられる「人と物との関係」として定義される。だが、この定義はあまりにも簡単に理解できると同時に、あまりにも難しい。何が難しいのか。法的に主題になるべき「関係」、法にとってレリバントな「関係」とは、もっぱら「人と人との関係」ではないだろうか。人が物に対してもつ関係などというものは、法的には意味をもたない。人がある物に対して、絶対的な権力を行使する、とはどういうことなのか。対象が端的な物であるとき、このことは何も意味しない。

だが、事態をよく観察し、反省してみれば、所有を成り立たせているものは、人と物との関係ではないことが分かる。所有を支えているのは、物をめぐる人々の了解や暗黙の約定である。どんな了解・約定なのか。たとえば私がナイフを所有しているとしよう。私がナイフに絶対的権力をもっているというのは、どのような状態なのか。私は、ナイフをどのように使用することも許されている、ということなのか。明らかに違う。ナイフの使用法の多くは、私に許されてはいない。例えば、ナイフで他人を刺すことは許されてはいない。では、何が「所有」であることの条件なのか。他者が――任意の他者が――ナイフを、どのようにであれ使用することを、停止する権利が私にあるとき、私はそのナイフを所有している、ということになる。他者によるその使用法が、私に対してであれば適切なこととして許されているような種類のものであっても――例えば「果物を切る」というようなことであっても――、私は、それを止めさせることができる。私が、このような約束を全世界の任意の他者たちと暗黙のうちに結んでいることになるとき、私は、所有していることになる。積極的・意識的には結ばれていない約束が、デフォルトで結ばれていることになる、というわけだ。

アイザイア・バーリンの自由についての区分、消極的自由／積極的自由を使うならば(Berlin

1969＝2018)、所有の成り立ちに関与しているのは、独特の消極的自由である。私がナイフを所有している状態とは、私以外のすべての他者が、そのナイフに対して、最小限の消極的自由すらもたない状態である。他者がそのナイフを使用しようとすれば、少なくとも一人の別の者からの干渉を受け、その干渉は世界中のすべての人によって——デフォルトで——承認されているからだ。その「一人」が、私である。

このような錯綜した事情があるにもかかわらず、ローマ法は、所有の原型を私的所有とみなした上で、その私的所有を、消極的自由ではなく積極的自由の線で規定した。私的所有とは、所有者が所有物に対して、欲することを何でもできる権力だ、と。つまり物の所有とは、所有物に積極的自由を行使できるということだ、とされたことになる。積極的自由によって所有を定義すると、所有が、人と人との社会関係に基礎づけられているという事情が没却され、直接に人と物との関係から導かれるような錯覚が生ずる。

そしてローマ法の私的所有のこの観念を継承した、ヨーロッパ中世の法学者たちは、所有の要件となる絶対的権力を三種類に分類した。使用と収益と処分である。これらすべてが揃っていれば、所有の条件を満たすことになる。この理解は、基本的には、今日まで継承されている。

といったことは、どんな教科書にもおおむねすべて書かれている。社会学的な観点から生ずる疑問は、こうした経緯の外にある。つまり、ローマ帝国はどうして、「所有」ということに特別に強い興味をもったのか。人間が物を使用したり、それを処分したりということはどこにでもあることだが、所有の理論を展開したのはローマ帝国だけである。たとえば私がナイフを手にしているとして、そのナイフに関して、私がそれで木を削ろうが、それを壊してしまおうが、溶かそうが、あるいはまた誰かに譲渡しようが、売っていくらかのお金を得ようが、好きなようにしてもよい。これは法によって厳密に規定すべきまことに興味深く、重要な現象だ…と思うような学者がいたのは、ローマ帝国だけだったのである。法を発達させた文明は他にもいくつもあるが、「所有」ということにローマ帝国ほど拘ったところはない。他のすべての社会が、取るに足らないつまらぬこととして関心を向けなかったことに、わざわざ「所有」という概念を与えたローマ帝国とは、いったいどんな社会だったのだろうか。

## 2　奴隷とホモ・サケル

この問いに対しては、オルランド・パターソンが与えた説明が最も説得力がある、とグレーバーは述べている。まさにその通りである。パターソンによれば、私的所有の観念は、奴隷制の経験に由来する。奴隷がいた社会は、古代ローマ以外にもいくらでもあったではないかと思うだろうが、すぐ後に述べるように、ローマは、人口に対する奴隷の比率がずばぬけて高かったのだ。ローマ法の定義によれば、奴隷とは、物 res である人間である。ここから、われわれは普通、人間と物の間の所有の関係があって、それを人間と人間の関係へと転用して、奴隷の定義を得ていると考えてしまうが、パターソンによれば、抽象の順序はこれとは逆である(Patterson 1982 = 2001)。

端緒には、やはり人間と人間の関係がある。そのような関係の中から、つまりそのような関係のひとつの極端なヴァリアントとして、ときに、一方の側の「人間」性を零度にすることができる関係、一方の「人間」から人間としての尊厳を奪い、物と同じように扱うことができる関係が生まれる。その「人間」の人間たる所以をゼロにまで還元されてしまった人間に対しては――それはもはや物と同じなのだから――、道徳性を問題にする必要がなくなる。それこそが、まさに主人の奴隷に対する関係である。

そして、この物化された人間（奴隷）への関係を、実際の物に転用すれば、それが、（私的）所有ということになる。このような理路は、実際、歴史的事実によって裏付けられる。初期のローマ法――つまり最古の成文法である紀元前四五〇年頃の十二表法――では、奴隷はまだ人間として、価値は低いがなお人間として扱われていた（奴隷に対して危害を加えたときには、自由民への危害の半額の補償が必要だった）。しかし、共和政後期には、奴隷は、物 res として定義されており、奴隷に対しての危害と家畜への危害とは同一視されるようになった。この共和政後期こそ、「所有 dominium」という概念が出現した時期にあたる。つまり、人間と人間の関係において、一方の「人間」性の成分の価値が次第に小さくなり、ついにそれがゼロになったとき、そのゼロになった「人間」との関係が、「所有」ということに基本的な図式を与えたのであろう。パターソンは、次のように述べている。

ローマ人が、どうして人と物とのあいだの関係という観念を発明しようと望んだのか、理解するのはむずかしい(それはほとんど形而上学的な観念であって、それ以外の領域におけるローマ的思考法とはあまりに異なっている)。なぜ彼らが物に対する内的で心的な力を欲しているのかを把握することは不可能だ。だが、ほとんどの場合、彼らが念頭においていた「物」とは奴隷のことだったということを理解してときには、疑問は解ける(ibid.: 31)。

今しがた述べたように、私的所有を意味するdominiumという語がラテン語に現れたのは、ローマの共和政後期においてである。この語「dominium」は、「主人」や「奴隷所有者」を意味する「dominus」からの派生語である。「奴隷所有者」を意味した語が、所有一般を意味する語に転用されているわけだから、ここまでの議論とよく整合する。さらに注目しておきたいことは、「dominus」は、「主人」を意味しているということだ。この語をさらに語源の方へと遡ると、「domus」に突き当たる。この語「domus」の意味は、「家」「世帯」であり、現在の英語の「domestic」はもちろん、この語からの派生である。グレーバーが指摘しているように、domusは、意味の上では、familia(ファミリア)、つまりfamilyと重なっている。つまり、「所有dominium」は、「家族」に関係した概念なのである。「奴隷」を媒介にすると、両者のつながりがよりはっきりと見えてくる。「家族familia」の究極の語源は、「falumus」だという。この語の意味は、「奴隷」である。

家族familiaとは、一人のpaterfamilias(家父)の権威のもとにある人間の集合を指す、と指摘するグレーバーに従って、こういうことができるだろう。ローマの法学者たちは、「所有dominium」の観念の中に、家長の家庭内における権威の原理を組み込んだのだ、と。家長の権力は、少なくとも妻に対しては、絶対的なものではなかった。家長の妻への権力が限定的だったのは、妻は、彼女自身の父親——もうひとりの家長——の保護下にあったからだ。しかし、家長は、子どもたちに対しては、また使用人や奴隷に対しては絶対的な権力をもっており、彼らを鞭打とうが、売り飛ばそうがまったく自由であった。この家長の子に対する関係を、人間が物に対してもっているとき、その人間は物を私的に所有していることになるのだ。

＊

このように見てくると、「所有」という概念は、「主権 sovereignty」という政治的概念と似たところに由来していることが分かる。ジョルジョ・アガンベンは、ヨーロッパにおいて、「主権」という概念がどこから出てきたかを探究した。アガンベンが注目したのは、ローマ法において「ホモ・サケル」と呼ばれた人物たちである（Agamben 1995＝2003）。ホモ・サケルと後に呼ばれることになるカテゴリーに入る形象は、古代ギリシアの段階からあったようだ。ホモ・サケルとは、何らかの事情によって（例えば何らかの罪によって）、宗教的な法と世俗的な法の両方の適用の範囲から締めだされた者たちである。つまりホモ・サケルは、それに対して法的・道徳的な関係が意味をなさない人間である。仮に誰かがホモ・サケルを殺しても、そのことの罪を問われることはない。ホモ・サケルと奴隷の類似性は明らかであろう。奴隷の主人にとって、奴隷は、ホモ・サケルである。アガンベンもまた、ホモ・サケルに対する権力と同質なものを、ローマの家長が子に対してふるうことができた絶対的な権能に見出していた。

主権の概念の原点にホモ・サケルがあるということは、両者の間に双対的な関係があることを思えば、推測できないことではない。主権者 sovereign とは、彼に対しては他のすべての人が潜在的にはホモ・サケルであるような人物のことである。同じことはこう言い換えることもできる。ホモ・サケルとは、すべての人が彼との関係においては主権者となるような人物である、と。

西洋の法の歴史において、「所有(権)」と「主権」とは兄弟のようなものである。奴隷(ホモ・サケル)に対する主権が、「物」に対して発揮されれば、それが「所有」になる。このように考えることができるだろう。

古代ローマにおいて、奴隷制の体験をベースにして、所有の概念が創造され、練り上げられた。このように述べてきた。だが、それにしても、どうして古代ローマなのか、奴隷がいたのはローマだけではないのに、という疑問は生ずる。その原因は定かには分からず、先ほど述べたこと以上のことは言えない。つまり、ほぼまちがいなく確実なことは、古代ローマほど、全人口に対する奴隷の比率が高かった社会は、人類史の中にはほかになかった、ということだ。どのくらい奴隷がいたのか。ひとつの推定によれば、共和政末期には、イタリア半島の当時の人口の三〜四割が奴隷であった、と推定されている(Hopkins 1978)。相次ぐ戦争とその勝利によって、奴隷の数は異様に膨れ上がっていたのである。そのような社会で、所有の概念が創造された。

## 3　主人と奴隷の弁証法

この章のここまでの議論と前章で論じたことのつながりは明らかだろう。前章でわれわれは次のように論じた。人間(女性)は、共同体に内属している限りにおいて、それに対する支払いの不可能な無限の価値をもつものと見なされる。しかし、人間(女性)を、その社会的コンテクストから引き剝がし、「奴隷」とすると、その人間は、それへの支払いが可能な対象へと変貌する。この人間の奴隷化に伴って相手の共同体にもたらした名誉剝奪にちょうど相当する剰余尊厳が、奴隷を奪った側で「男の名誉」として蓄積される。

これが前章で論じたことだが、このことをこの章で述べたことに接続すれば、次のように言うことができるだろう。他者の奴隷化が「男の名誉」を反作用としてもたらしているのだとすれば、所有者が所有物に対してもつとされる絶対的な権力は、「男の名誉」の蓄積の産物である。「男の名誉」をもたらした機制が制度化され、持続すれば、「所有権」が法的に確立するのだと言ってもよいだろう。

さらに次のことも付け加えておく。前章で、男たちは、「名誉剝奪」を恐れて、女たちを——娘や姉妹を——、家族の私的領域の中に囲い込む、と述べた。ここに家父長制のひとつの起原がある。このとき、男が女たちに及ぼす権力は、前節で示唆したように、私的所有をもたらす権力と同質のものである。

*

この章のここまでの議論において最も重要なポイントは、次の点にある。所有は、一般には、主体的・能動的な人間と不活性な物との非対称的な関係として定義されてきた。しかし、そうではない。こうした関係の前提として、まずは、ともに能動的であるような、対称的な二項の関係――人間と人間との関係――があるのだ。そこから出発して、一方に能動性が独占されているような状態が、「所有」である。そしてまた「主権」でもある。

　さて、そうだとすると、われわれはこの議論に、ヘーゲルが『精神現象学』で展開した有名な論理を接続し、後者によって前者を基礎づけることができる。ここで念頭にあるのは、「自己意識」の章に含まれている、あの「主人（支配）と奴隷（隷属）の弁証法」の論理である（Hegel 1807＝2018：上 297–319）。ここでヘーゲルが考えていることは、「自己意識」の複数性がどのような葛藤と結果を生むのか、という問題だ。ヘーゲルは、二つの対称的な自己意識の関係から、いかにして「主人―奴隷」の関係が生成するかを説明しようとしているのだ。

　自己意識は定義上、単独的 singular である。自己意識としての〈私〉に対しては、世界がその総体として立ち現れている。つまり自己意識の存在と世界の存在は――この自己意識自身にとって――完全に同値である。このことは、〈私〉という自己意識を、共同体とか類とかといった集合の一要素として相対化することができない、ということを含意している。〈私〉は、――この〈私〉にとっては――それに対して世界が総体としてたちあらわれる唯一者・単独者であるほかない。

　このとき、自己意識としての〈私〉は、普遍的な妥当性ということに対して無限の権利を主張できることになる。これは、さしあたり、ごく自明なことを述べているに過ぎない。〈私〉を共同体や類のメンバーとして相対化したり、特殊化したりすることが不可能で、世界が〈私〉に単独的に帰属するのであれば、〈私〉にとって成り立つことは、世界の全体において妥当するような普遍性を認められなくてはならないからだ。〈私〉は単独的であるがゆえに、普遍性への権利をもつのだ。単独性と普遍性は、〈私〉において逆説的に合致する。

難しい問題は、その先にある。〈私〉は、自らの前にいる、他なる自己意識と出会う。このとき、何が起きるのか。〈私〉も、また眼前の〈他者〉も、今述べたような理由によって、集合的な一般性へと還元されない。〈私〉は、そのような還元を徹底的に拒否するだろう。ここで生起していることは、二つの（複数の）普遍性の出会いである。とはいえ、複数の普遍性とは、自己矛盾である。普遍性がまさに普遍的であるためには、単一でなくてはならない。こうして、自己意識の間の葛藤が不可避に生ずる。葛藤は、それぞれの自己意識が利己的であるとか、両者が仲が悪いから生じているのではない。ヘーゲルの考えでは、葛藤は、自己意識なるものの成り立ちからする構造的な必然である。

葛藤はどうなるのか。結局、「勇気」がない方が負ける。すなわち、ヘーゲルによれば、「死の恐怖」を乗り越えられなかった方が負け、他方に対して奴隷（従属者）となることを甘受せざるをえなくなる。「死の恐怖」に囚われるということは、ここでは、自らの存在の意味の普遍性を放棄し、自分が相手の世界の中の内的で特殊な要素として位置づけられることを受け入れるということを意味している。こうして、二つの自己意識の戦いは、（とりあえず）決着する。「主人」の側の自己意識のまさに自己意識としての能動性だけが残り、奴隷は、主人の自己意識にとっての受動的な対象となるのだ。

われわれが、パターソンやグレーバーに依拠しながら述べてきたことは、「所有」という現象は、この「主人―奴隷」関係の延長線上にある、ということだ。主人の側の自己意識の奴隷側の自己意識に対する抑圧が極大になったとき、主人側の自己意識だけが残り、奴隷側の自己意識がトータルに否定されたとき、主人は奴隷を私的に所有していることになる。

## 4 中動態

だが、ヘーゲルの論はここで終わらない。一旦、形成された主人―奴隷の関係は逆転する。主人の自己意識による奴隷の自己意識の否定は完全なものには、原理的になりえないからだ。主人が主人たりうるのは、奴隷がまさに彼を主人として承認する限りでのことだからだ。主人こそが、奴隷に依存していたことになる。言い換えれば、奴隷の自己意識は無化されてはおらず、むしろ、主人こそが、奴隷の自己意識の圏内に、つまり奴隷に立ちあらわれている世界に内的要素である。ヘーゲルの中核的な論点は、主人―奴隷をめぐる自己意識の間の闘争は、逆転の潜在的な可能性を不可避に孕む、ということにある。

「所有」は、能動性と能動性の闘争の中で、一方の能動性が否認されたときに成立する。ヘーゲルの論理は、この闘争が、「所有」や「主権」の成立によっては終息せず、反転の可能性をいつまでも残していることを、したがって、能動的なものの複数性が消去できないことを示唆している。今、所有概念を、「能動性」という語彙を用いて特徴づけていることには、ひとつの意図がある。「所有」という概念を、言語使用の文脈に置き直し、法よりもさらに基底的な体験の層に結びつけること、これがその意図である。

ヨーロッパの言語には、能動態 active voice という相 aspect があって、これが受動態 passive voice と対をなしている。……ということは、英語を習い出した中学生でも知っていることだ。が、この常識は間違っている。比較言語学の研究によって、インド＝ヨーロッパ語にはもともと、能動態と受動態の対立は存在しなかったことが分かっている。「インド＝ヨーロッパ語」とは、現在の英仏独露語などのもとになった諸言語のグループ(語族)である。この語族の言語は、古代にあっては——少なくとも八千年以上前の古代にあっては——、インドからヨーロッパにかけての地域で広く分布していた。

インド＝ヨーロッパ語の動詞のシステムには、能動態と受動態の対立は存在していなかったのだ。受動態なるものが存在しなかったからだ。受動態はずっと後になってからの派生物である。受動態は何から派生したのか。中動態 middle voice である。今日では、中動態はほとんど見失われている。しかし、もとにあった対立は能動態と中動態である。

能動態によって記述できるような経験の極に、「所有」がある。この経験がどのようにして生まれてきたのか。それは本来何であったのか。そして、この「所有」へと結実する経験を相対化しうる別の経験があるとすれば、それは何か。能動態が所有と結びつくのだとすれば、中動態と結びつく原体験は何であろうか。

ここでもう一度、われわれの本来の目的を思い起こしておこう。われわれは贈与への衝動がどこから来るのか、を探究しているのであった。そのために、あえて、贈与とは対立する状態に、つまり所有に着眼したのだ。能動態との対抗関係にあるのが中動態であったとするならば、ここにこそ、われわれが求めている答えがあるのではないか。

＊

そもそも中動態とは何か。今日のヨーロッパの諸言語には、その痕跡は多くは残っていない。が、現在の言語史の研究によってはその実態を知ることがまったくできない、というほどではない。たとえば、古典ギリシア語の文法の教科書には、「中動態」が含まれている。サンスクリット語にも、中動態(反射態)がある。が、中動態の痕跡は、時代をくだるにしたがって小さくなっていることも確かである。ラテン語にさえも、それほど多くの痕跡はない。多くの場合、中動態は消極的に、つまり「能動態でも受動態でもない」といったかたちで定義される。ラテン語には、「形式所相動詞」と名付けられた動詞のグループがある。「形の上では受動態だが、意味は能動」となる動詞のことである。この形式所相動詞は、ラテン語の中の中動態の痕跡である。いずれにせよ、中動態は、現代のヨーロッパの諸言語からは、ほぼ消え去ってしまった。

しかし、中動態の重要性は、何人かの現代の哲学者や言語学者によって気付かれている。たとえば、ジャック・デリダは論文「差延」の中で、中動態と(西洋)哲学との関係を次のように述べている。

もしかすると哲学はこのような中動態、つまり或る種の非―他動詞性を、まずはじめに能動態と受動態へと分配し、そうしてこの抑圧のうちで自己を構成したのかもしれないのだ

(Derrida 1972＝2007: 44. 翻訳を一部変更した)。

つまり、デリダによれば、「能動態／受動態」というダイコトミーによって中動態を抑圧したことが、哲学の起原である。「所有」の概念も、中動態との対決、そこでの勝利による中動態の抑圧、つまるところ中動態を受動態へと置き換えることの結果として生まれた産物のひとつかもしれない。いずれにせよ、「所有」へと結実した経験を原点にまで遡るならば、そしてその経験に対抗したもうひとつの経験の様態を見出すためには、中動態の復元が不可欠である。ここで、國分功一郎の最近の研究が、われわれの探究にきわめて都合のよい方針と地図を与えてくれる。中動態についてのわれわれの理解は、國分の著書に多くを負っている(國分 2017)。

國分は、さまざまな言語学者や哲学者による中動態の定義を比較した上で、結局、バンヴェニストによる定義がその本質を最もよく捉えていると結論している。バンヴェニストは、こう述べている。能動と中動は、主語と過程との関係にかかわる区別である。能動においては、動詞は、主語から出発して、主語の外で完遂する過程を指し示している。それに対して中動では、動詞は、主語がその座 siege であるような過程を指している。つまり、中動においては、主語は過程の内部にある。能動においては、過程は主語の外へと向かっていく。われわれは、「所有」が——そしてまた「主権」が——、この能動の原理に従っていることを再確認することができる。動詞が指し示す、主語の外へと向かう過程の、その行き着く先にあるのが、所有対象である。

能動と受動の対立よりも前に、能動と中動の対立があった。國分は、さらに踏み込んで、「能動態／中動態」の対立自体が、「中動態」からの派生物だったのではないか、つまり、能動態よりも中動態の方が本源的であり、中動態が、自らの対立物としての能動態を生み出したのではないか、という推測を開陳している。もう少し詳しく言えば、國分は、実証的な根拠のない憶測であると断りつつ、動詞の起原と派生関係について、次のような展開がもっともありそうなことであると述べている(國分 2017: 190–1)。まずは、「名詞」がある。そこから発展して出現した最初の動詞は、「非人称動詞」のようなものだっただろう。非人称動詞はやがて、後から振り返ってみると「中動態」によって担われているような意味を獲得するようになる。言語のさらなる複雑化によって、中動態は、自らに対立する派生体としての「能動態」を生み出す。こうして、「中動態／能動態」という安定的な二項対立が形成された。中動態はしかし、自らに由来するもう一つの派生体としての「受動態」によってその地位を奪われる。こうして、最終的に「受動態／能動態」という対立が残ることになる。およそ以上のような系譜関係があったのではないか。これが國分の仮説である。

## 5 日本語の中動態

中動態の動詞によって記述された経験がどのようなものなのかは、しかし、内的にしか理解できない。つまり、言葉の特徴を外的に記述するだけではなく、これによって語る者の内的な感覚を知らなくてはならない。この点、日本語の話者は有利である。なぜなら、日本語には中動態が存在しており、日本語の話者は、それをごく日常的に使っているからだ。インド＝ヨーロッパ語からは、中動態はほとんど死滅した、と前節で述べた。デリダは、中動態の抑圧の上に哲学が成り立っている、とまで述べたのであった。しかし、日本語では事情は異なる。日本語の中では、中動態はいささかも抑圧されることなく、生きている。ただ、日本人は、そのことに気づいていない。日本人は、日本語の文法を、英語をはじめとする西洋語の文法に対応させることで理解しようとした。そのため、日本語にはあからさまに存在している中動態を、見逃してしまったのだ。日本語のどこに中動態があるのか。以下、日本語における「中動態」については、日本語学者の金谷武洋と英語学者の細江逸記の洞察に負っている(金谷 2002、細江 1928)。

まず、能動／受動の対立の方から探ってみよう。能動と受動の区別ができる動詞は、他動詞である……とされているが、日本語では、自動詞でも受身(受動)のかたちをとる。自動詞の受身的な用法は、日本語ではまったく普通だ。たとえば、自動詞「死ぬ」。「母に死なれた」(←「母が死んだ」)と言うことがある。あるいは、雨や雪が「降る」もまた自動詞だが、「雨に降られた」(←「雨が降った」)とすることができる。たとえば、「夜が明ける前に弟が来た」ために、私は迷惑したとしよう。これを私は、「夜が明ける前に弟に来られた」と言うことができる。

ここから、日本語の自動詞／他動詞は、西洋語の自動詞／他動詞の区別とは根本的に異なっていることが分かる。「母が死んだ」という出来事を、「母に死なれた」という受身によっても記述できるのはどうしてなのか、と言えば、自動詞こそが、中動態だからだ。「主語がその座であるような過程」を記述している、というバンヴェニストの中動の動詞の定義を、日本語の自動詞は満たしている。「死ぬ」は、「母」において生じている過程である。それに対して、(日本語の)他動詞は、バンヴェニストの「能動」の動詞の定義——主語から出発してその外で完遂する過程——が当てはまる。

＊

日本語では、自動詞というかたちで中動態が活きている。すると、まず注目すべきは、「自動詞／他動詞」の対立である。学校文法的には、直接目的語をもつことができる動詞、つまり格助詞「を」を取ることができる動詞が、他動詞で、それ以外が自動詞である、と説明されている。これは、英語などの西洋語からの類推による定義だ。しかし、自動詞文が受身文になりうるという点にすでに示されていたように、英語との類比で、日本語の自／他動詞を区別することはできない。

実際、「を」という格助詞を取ることができる自動詞は、たくさんある。たとえば、「義経は安宅の関を通った」(自動詞：通る／他動詞：通す)。あるいは、「上田さんは会社を変わった」(自動詞：変わる／他動詞：変える)。「フランス語を松浦先生に教わった」(自動詞：教わる／他動詞：教える)。

では、日本語では、どうやって自／他動詞を区別すればよいのか。簡単である。日本語では、語彙そのもののレベルで、自／他動詞の対立がある。「出る／出す」「起きる／起こす」「預ける／預かる」等と。英語等では、語彙そのものには対立がないので、どんな構文を作ることができるか(受身文になるか、直接目的語をもつか)で、自／他動詞を判別することになるわけだが、日本語では、動詞そのものによって、区別が可能だ。では、「食べる」とか「飲む」とかといった、自動詞／他動詞のペアを作ることができない動詞の場合にはどちらに分類されるのか。これも簡単で、こうした動詞の場合は、自動詞でも他動詞でもない、そうした区別には不関与だと考えなくてはならない。つまり、日本語のすべての動詞が、自動詞か他動詞に分類されるわけではない。

もうひとつ解いておかなければならない誤解は、受身文（受動文）と能動文は相互に裏返しの関係にあり、意味を変えずに相互に言い換えることができる、という常識である。実際、英語では、若干の例外（数量を伴う文など）を別にすると、能動文を受身文に変えても、本質的な意味の相違は生じない。しかし、日本語の場合にはそうはいかない。自動詞文に対応する受身文の例としてあげた、「夜が明ける前に弟に来られた」で考えてみよう。これに対応する能動文「早朝五時に弟が来た」は、事実のニュートラルな報告だが、前者の受身文の含みはまったく違う。受身文には、弟が来たことが、私にとっては予想外で、驚いたとか迷惑だったとかといった強いニュアンスが入っている。日本語の受身文では、だから、主格等の補語が入る場合には、その意味素として「有生性」（無生物ではなく生きたものだということ）が入っていないとおかしくなる。生きているものでなくては、迷惑がったり、困ったりしないからである。

＊

それゆえ、日本語では、受身文を能動文との対として見ることは不適切だ。それならば、受身（受動）と何を対照させればよいのか。「使役」である。相互行為において、一方にとって受身によって表現される体験は、他方にとっては、使役の体験として表現される。だから、受身と使役の対立には、はっきりとした合理性がある。ここで、「所有」の原点は、主人の奴隷に対する関係だったことを思い起こしておいてもよいだろう。「主人―奴隷」関係を記述するのに最も適した動詞のタイプは、使役ではないだろうか。

金谷武洋は、「受身―使役」という対立と「自動詞(中動態)―他動詞」という対立の関係について、すこぶる興味深いことを見出した。後者の対立は、前者の対立の中に組み込まれているのだ。一方の極に受身があり、他方の極には使役がある。両者をつなぐ連続線の中に、自動詞―他動詞の対立が含まれている。自動詞(中動態)は、使役とは遠い側、つまり受身に近い側にある。要するに、「受身―自動詞―他動詞―使役」という順序の系列があるのだ。このような系列があると考えてもよい根拠を、金谷の説明に即して見ておこう。

「食べられる(受身)――食べる(普通形)――食べさせる(使役)」を例にとってみる。日本語で、受身を作っているのは、「れる・られる」――つまり-(R)ARERU―という形態素である。この古形は、-(R)ARUだ。これが、「有る・生る」等と書かれる存在の動詞「ある」に由来することは明らかだろう。つまり、存在の動詞「ある」が、受身を作るために転用されているのである。では、使役であることを示す形態素は何か。それは「せる・させる」で、その古形は-(S)ASUだ。これは動詞「す」の転用である。「す」は、現代日本語では、もちろん「する」に対応している。

ある　ARU　―転用　↓　受身

す　SU　—転用→使役

なぜ、受身に近い方に自動詞文を、使役の近い方に他動詞文をそれぞれ配するのか。五組の自／他動詞の例を使って解説しよう。「通る／通す」「出る／出す」「教わる／教える」「預かる／預ける」「変わる／変える」。後ろの三組の自動詞を見ると、すべて-ARUが付いていることが分かる。

教わる　osow-ARU,　預かる　azuk-ARU,　変わる　kaw-ARU

他にも、-ARUで終わる自動詞はたくさんある。「分かる・始まる・止まる・すわる」。受身を意味する形態素ARUが入り込むことで、その動詞が自動詞であるとマーク(有標化)されているのだ。ここから、自動詞と受身との近縁性が示されている。

先の五組の中の残りの(前の)二組については、今度は、他動詞側にSUが付いている。

通す　too-SU,　出す　da-SU

他動詞側は、使役の形態素SUによってマークされている。つまり、他動詞と使役には結びつきがあるのだ。

自／他動詞のペアのうち、どちらかの動詞が、-ARUまたは-SUによってマークされて自動詞または他動詞と決まれば、その相手は、自動的に、自動詞か他動詞かが決まるので、マークがつかなくてもよい（無標）。たとえば、「教わる」が、-ARUによって自動詞だと決まれば、そのパートナー「教える」は、マークがなくても他動詞だと分かる。ときには、-ARUと-SUの両方によってマークされているペアもあるが（「回る／回す」「渡る／渡す」等）、「最小努力の法則」が働いているため、ペアのうちの一方のみにマークが付いているケースが多い。

このように、形態素の特徴から、「受身―自動詞―他動詞―使役」という系列があることが明らかになる。問題は、このことが何を意味しているのか、である。つまり、この系列が、自動詞と他動詞の機能について何を教えているのか。分かりやすい、「他動詞―使役」の組から見ておこう。これらは、動詞の「する」（古形は「す」）が転用されているのだった。これらは、動詞が帰せられる者の、意図的・人為的な行為であることを含意している。行為の対象となる者にもそれ固有の意図があったと解釈できるとき（そしてその意図を否定し、挫いたとき）、それは使役になり、対象には意図がないとき、ただの他動詞になる。使役と他動詞との関係は、再び、「奴隷」をめぐる経験と「所有」という経験との関係を連想させる。つまり、使役から他動詞への移行は、「主人―奴隷」関係から通常の「物の所有」への移行に等しい。

## 6　経験の楕円的構成——贈与の源泉

われわれの考察にとってより重要なのは、「ある」によって特徴づけられている「受身―自動詞」の組である。まず、受身の形である -(R)ARERU には、他に、「尊敬(先生はそのことを話された)」「可能(今日は一緒に夕食を食べられます)」「自発(故人のことが思い出される)」の三つの用法があることに留意しよう。受身・尊敬・可能・自発の四用法を貫く意味は何であろうか。それは、「ある行為が主体のコントロールを超えたところで生起・生成している」ということである。その点が特にはっきりしているのが、自発と受身であろう。私のコントロールできないかたちで何事かが自然に自律的に生成している状態が自発であり、それが私自身を強いるように感じられれば、受身となる。また、尊敬している人の行為は、私がコントロールすることができないので、受身や自発と同じ -(R)ARERU が使われるのだ。興味深いのは、これらと並んで、「可能」が入っていることだが、この点については、すぐ後で論じよう。

-(R)ARERU を、その本来の形態「ある」に差し戻してみれば、このような解釈が妥当なことがあらためて確認される。「ある(生る・有る)」は、「事態が生まれ出る」を意味しているからだ。つまり、それは、存在・生起・出現を意味しているからだ。日本語では、「ある」と「なる」は近接している。たとえば「小諸なる古城のほとり」の「なる」は「にある」であり、「殿様のおなぁありぃ」は出現を含意している。

自動詞には、「受身・尊敬・可能・自発」の中に組み込まれた「ある」の意味が含まれている。このことは、次のようなことを示唆している。私が、自動詞で記述されるような行為を遂行していたとしよう。このとき、私は、その行為について、それが確かに私の身体の上で現象しているとしてもなお、私がコントロールできないこととして生成されているかのように感覚しているのだ。もっと踏み込んで言い切ってしまえば、自動詞で記述される行為は、私の(身体における)行為でありながら、その行為の選択性や制御権が、私ならざる不定の他者に帰属しているかのように経験されているのである。このとき、私は、一種の操り人形のようなものになっている。この感覚を明示的に表現すれば、受身になるだろう。日本語では、自動詞文から受身文を作ることができるのは、このためである。

ここで興味深いことは、つい先ほど注意を喚起したこと、つまり-(R)ARERUには、受身等の用法と並んで、「可能」が含まれているということである。私に可能だということ、つまり私が「何かができる」ということは、私がそれを自由に選択できたり、それを意志によって制御できたりすることだ、と普通は考えられている。しかし、日本語の中動態——つまり自動詞——において示唆されている、「可能」や「自由」の感覚は、これとはまったく正反対である。私が何かをなしうる、私に何かが可能だということは、私自身がとくに選択の意識や制御の自覚をもたなくても、ただ、他者に由来する生成の運動に受動的に身を委ねるだけで、ことがらが順調に進行している状態である。たとえば、「分かる」という自動詞(これに対応する他動詞は「分ける」)には、このような意味での「可能」の感覚が孕まれている。「分かる」とは、私が対象を作為的に分節化せずとも、ことがらの方が自然に分かれるように現れている、ということである。

*

日本語の自動詞を素材に見出したことは、普遍性がある。それは、中動態の一例にすぎないからだ。所有は、動詞としては、「能動態」によって、あるいは「使役」に連なる「他動詞」によって指示される経験の構成に起原がある。だが、これとは別に、これと対立するものとして、あるいは――國分の推測が妥当だとすれば――そのより源流にあたる部分に、「中動態」によって指示される経験の構成がある。

バンヴェニストの定義では、能動の動詞は、主語を中心とした円状の領域の外へと向かう過程を表示している。それに対して、中動態の動詞の場合は、主語の動作は、この円の内側にとどまっている、というのがバンヴェニストの述べたことであった。日本語のケースを経由してわれわれが見出したことは、中動態の過程を記述する「円」の内側には、動作の中心が二つある、ということである。私が何かをしているとき、同時に、私ではない不定の他者こそがそれをしているのであって、私は、その不定の他者に強いられているようにも感じてしまう。このとき、動作の中心は、私とその不定の他者との二つになる。このように、中動態においては、動作の過程が展開する座は、厳密には、円ではなく、二つの中心をもつ「楕円」として描かれるべきである。中動態の動作が、この座の外には出ていかないように見えるのは、一つの中心から発する動作が、もう一つの中心にぶつかって反射してくるからである。

贈与への衝動はどこから来るのか。これがわれわれの本来の問いであった。この問いに答えるための準備が整いつつある。贈与を説明するためには、二つの問いに答えなくてはならない。なぜ贈るのか。なぜ受け取るのか。この二つの疑問を解く鍵が、中動態を通じて見出した経験の構成にはある。

まず、なぜ人は(贈られた物を)受け取るのか。受け取ることは、贈り手に対して負債を負うことを意味しているため、しばしば、受け取る者を従属的で不利な立場に追い込むことになる。それなのに、受け手は、義務のように、それを受け取る。どうしてなのか。中動態が記述する経験の構造を考えると、その理由が分かる。中動態は、「(私が)Xをする」ということと、「(私が誰かに)Xをされる」という感覚が矛盾なく両立するということを教えてくれる。この両立を圧縮して、もっと分かりやすく言い換えてしまえば、「(私が他者に)Xしてもらう」ということである。このように、人間の行為は、他者への依存に対して、はじめから開かれた構造をもっているのだ。私が世界に対して何事かを行う主体であるということは、私が他者を経由してそれをしてもらう、させてもらうことである。

この他者への本源的な依存に、価値ある物を介在させれば、まさに、それが他者からの贈与になるのではないか。中動態という相が示唆していることは、人は、他者から与えられること、与えられることにおいてその他者に依存することへと、本来的に開かれている、ということである。この開かれた構造を現実化したものが、贈与という現象である。

だが、そもそもどうして与えるのか。この点に関してもまた、中動態を通じて見出してきたことが手掛かりを与えてくれる。述べたように、経験が本来的に楕円の構造をもっているとする。そのことは、たとえ客観的には単独で行動しているように見えるときでも、人は、誰か不定の他者にやってもらっているかのように、他者に助けられているかのように感じるということを含意する。ということは、人間は、誰とも特定できない不定の他者に対して本源的に負債がある——

負債があるかのように感じざるをえない、ということである。

そうであるとすれば、人は、その本源的な負債に対して、返済しなくてはならない。それが、贈らざるをえない、贈らなくてはならないという衝動の源泉ではないだろうか。マルセル・モースは、贈与は、「贈る義務」「受け取る義務」「お返しする義務」の三つからなる、と論じた。この中で、最も簡単に答えられそうなのは、お返しの義務であり、最も不可解なのは贈る義務である。しかし、贈る義務は、お返しの義務と同じものである。最初の贈与は、すでに、本源的な負債に対する返済である。贈与は、常にすでに負債に先取りされ、媒介されている。かくして、人は贈らざるをえないのだ。

＊

ここでもう一度、ヘーゲルの「主人と奴隷の弁証法」のことを思い起こしておこう。それは、二つの自己意識の闘争であった。それゆえ、起点の構図は、やはり楕円である。そこには二つの中心がある。ゆえに、主人―奴隷の関係の確立は、中心の一元化であり、楕円が完全な円へと変貌することでもある。が、しかし、いったん確立した主人―奴隷関係は、反転するのであった。なぜか。いったん構成された円が、楕円へと回帰せざるをえないからである。能動態的・他動詞的な経験は、中動態的な楕円構造の経験を抑圧するが、その抑圧されたものは回帰してくる。

われわれは、この章で、古代ローマで、奴隷制の浸透と相関して「所有」の法的観念が確立された、と論じてきた。奴隷の反対は、もちろん、「自由」である。ところで、英語の free は、friend を意味するゲルマン語系の語彙に由来するという。自由であるということのうちに、「友」

が、「他者」が孕まれている。自由であるということは、その他者とともにあること、他者に助けられることを意味していたのではあるまいか。

## 7 ヘーゲルの「本質論」

以上の説明は、しかし、特定のタイプの動詞に現れているわれわれの経験の構造からの類推に大きく依存している。ここで抽出した論理が一般性をもつことを、この章の最後に示しておきたい。そのために、ヘーゲルの『論理学』に助けを求めよう。ここで参照するのは、本質論として知られている部分だ。ヘーゲルの『論理学』(大論理学)は三巻構成になっており、その第二巻が本質論である(第一巻は「有論」、第三巻は「概念論(主観的論理学)」)(Hegel 1812–16＝1994–95→2002)。

なぜ、ここで本質論を参照するのか。ここで、ヘーゲルは、何ものかの同一性《アイデンティティ》を規定する際に不可避に生ずる矛盾(敵対関係)に注目しているからである。ここで前章で述べたことを思い起こしてほしい。女性を贈るとき、その女性には、彼女が所属していた共同体の同一性が託されている。何ものとも規定しつくせない同一性が、である。受け取る側は、女性とともに、その同一性を受け取る。その同一性が何ものとも規定不可能であるという「無」が、女性に、「それに対する支払いが不可能なもの」という性格を与える。このように論じた。ヘーゲルの本質論が、われわれの考察にとって有用なのは、贈与にそれぞれの共同体の同一性が賭けられているからである。

ヘーゲルは本質論を通じて、事物の同一性において不可避なひとつの葛藤を問題にしているように見える。ある事物の内在的本質、内在的な根拠と、そうした本質が現実になるために必要だった外在的な条件、この二つの間の葛藤である。たとえば、師が弟子を育て、その弟子が何か創造的な偉業を達成したとしよう。このとき、弟子のうちに、創造的なポテンシャルは最初からあった(内在的根拠)ということもできるし、それは師が与えたものに全面的に依存しており、弟子自身にとっては外在的な、師の教えという条件こそが、結果をもたらした、と説明することもできる。どちらにも相応の説得力はあるが、両者は互いに矛盾している。この矛盾を、矛盾のままに集約するのが、ヘーゲルの狙いである。

まず、ヘーゲルの「即自 an sich／対自 für sich」という概念の両義性を確認しておくとよい。普通、ヘーゲルは、「即自から対自へ」という発展について論じたことになっている。だが、ヘーゲルの議論はこの種の発展論とは無縁である。「即自」という概念は、二つの意味をもっているように見える。第一に、後の可能性が外化してしまった時点から振り返ったときにはっきりと分かるような可能性が未だに内的で潜在的なままにとどまっている状態。第二に、客体それ自体――主体によって認識的に媒介されていない状態。二つの意味は互いに独立で、これらを一つの語のもとに包摂するのは、単純な概念的な混乱に見える。しかし、そうではない。この二つが同じことになる、ということを押さえるのが、ヘーゲルの本質論を理解する上でのポイントである。

ヘーゲルのテクストの細部に立ち入っている余裕はないので、実例を使って一挙に解説してしまおう。ナショナリズムを例にとる。ある人民が自らの共同性を、ナショナル・アイデンティティとして構成するときに何が起きるか。歴史や伝統が再発見される。歴史学や考古学は、ナショナリズムと厳密に相関している。ある国がネーションとしてのアイデンティティを確立するとき、そこでは必ず、考古学や歴史学のブームが起きる。あるいは、大学に歴史学や考古学の正式な講座が設置され、実際に、偉大な歴史学者が登場する。

どうして、ネーションは歴史や伝統に関心をもち、それらを「再発見」するのか。人民がネーションとしての自己同一性を自覚するとき、その人民は、はるかな過去や伝統のうちに、自分たちを自分たちたらしめるものがすでに存在していた、という発見を媒介にする必要があったのである。これを、構築主義的に記述することは簡単なことである。その発見された伝統は、発明されたもの、捏造されたものだ、と。このように記述しただけでは、しかし、この現象の最も興味深く繊細な部分を見逃してしまう。ネーションは、自分たちの現在から十分に距離をおいたはるかな過去に、自らの伝統や起原を見ようとする。その過去は古ければ古いほどよい。だから、その過去や伝統は、今、まさに自己同一性を自覚しようとする自分たちと似てはいない。過去や伝統は、むしろ、現在の自分たちにとって外的であり、疎遠であり、もっとはっきりと言えば他者的である。実際、現在のネーションと系譜的な連続性を絶たれているほどに他者的なこともある（たとえば、近現代のギリシア人が、古典古代のギリシアに自分たちの伝統を見るときなど）。

したがって、次のように考えなくてはならない。ネーションが、「私たちはこれである」という自己同一性を見出すためには、自分たちには（ある程度）疎遠な外的な条件を媒介にしなくてはならない。その外的な条件のうちに、私たちを私たちたらしめる内在的な根拠がすでに存在しているという感覚をもてるとき、ネーションはアイデンティティに到達することができるのだ（ネーションの対自化）。ちなみに、今、歴史的な深度の中で起きたことと同じことが、ときに空間的にも生ずる。つまり、ネーションは、自分たちの現在の中心から外れたところに、辺境や、ときには国境線の外に、自分たちのルーツを、自分たちがすでにそうであったところのものを見出す傾向がある。国境紛争が起きやすいのはこのためである。

ヘーゲルが本質論で論じたこととは、こうしたことの一般化である。「私（たち）は私（たち）である」というトートロジーに回帰するにあたって、一旦、外的な条件を経由しなくてはならない。自分たちにとって十分に疎遠で他者的な条件の中に自分たちはすでに存在していたと思うこと、その意味で、その外的・他者的な条件に自分たちは全面的に依存していたと自覚すること、そのことを通じて、セルフ・アイデンティティの感覚が獲得される。

これが、ヘーゲルのいう反省の三幅対と対応している。外的な条件を前提として措定するのが「措定的反省」である。「外的反省」は、条件を全体として列挙してもなお、それを外的なものとしてのみ見出す。「規定的反省」は、その外在性のうちに自己の根拠を見出す。

＊

このアイデンティティをめぐる構成が、中動態を媒介にして見出した経験と同じ形式をもっていることが分かるだろうか。中動態が示すように、私がまさに私として何かをすることが、他者性によって媒介されていた。ヘーゲルの論理はこれの一般化として理解することができる。それは、セルフ・アイデンティティへの回帰が、本源的に、他者(外的条件)に媒介されている理由を解き明かすものである。

これが、贈与という主題とどう関係しているのか。たとえば、今ネーションで例示したような構成を、通時的(歴史的)にではなく、共時的に展開したらどうなるか。つまり、自分たちがすでにまさに自分たちであるような外的な条件を、はるかな過去の伝統にではなく、共時的に外部であるような他者に見出したとしたら。このとき、共同体は、その外部の他者からの贈与を喜んで受け入れないわけにはいかない。まさに、その他者性を内化することで、自分たちは自分たちたりうるのだから。と同時に、その外部の他者に対して、とうてい返すことができない負債を感じることだろう。その外部の他者の存在に依存してはじめて、彼らは自己同一性を獲得できるのだから。そうだとすれば、その外部の他者への終わりのない贈与に努めないわけにはいくまい。

# 第5章　ヒエラルキーの形成——再分配へ

## 1　貨幣が社会的に一般化しているとき

贈与交換は、最も原初的な交換様式であり、人間がまさに人間である条件でもある。贈与交換への衝動はどこから来るのか。人はなぜ贈るのか。なぜ受け取るのか。この問いに前章で答えた。第1章で掲げた問いはもうひとつあった。現代社会の支配的な交換様式は商品交換である。現代社会では、市場で商品として提供されているモノを貨幣によって購入することが、交換様式の圧倒的な中心だ。現代社会でも贈与交換は存在するが、周辺的である。われわれの第二の問いはこうであった。贈与交換が支配的であるようなシステムから、商品交換が支配的であるようなシステムへの転換は、いかにして生ずるのか。

二つの交換様式——贈与交換と商品交換——の間に何らかの結びつきがあるということ、そして、贈与交換が商品交換に対して歴史的にだけではなく論理的にも先行するということ、これらのことは第2章の考察のうちにすでに含意されている。商品交換に必要な貨幣は、互酬化未了の贈与である。ということは、「貨幣」なるものの成立に対して贈与が先行している。貨幣は、一種の「負債（流通する借用証書）」であり、むしろ、本来は、その価値はマイナスである。それが、ポジティヴな価値を帯びて、一般的な交換の媒体として使用できるのはどうしてなのか。貨幣が、十分な社会的な一般性をもつとき、つまり貨幣が広く、互いを直接に知ることがない多数の人々の間で使用され流通するようになるとき、次のような条件が満たされていなくてはならない。

借用証書であるはずの貨幣が、価値あるものとして次々と受け取られ、流通するということは、客観的には――つまり事態を外部から観察しているわれわれの観点から見れば――、その貨幣が意味している負債が返済されることは確実であるという前提ですべての人が行動していることになる。しかし、貨幣が社会的に広く流通するためには、この前提は満たされてはならない。つまり、「負債」が返済されてはならない。「負債」が返済されてしまえば、貨幣は貨幣ではなくなり、それ以上広く流通することは不可能になるからだ。したがって、貨幣を発行した者は、まさにその貨幣＝借用証書において意味されているところの負債を返す必要がない、ということになる。このことは結局、貨幣を使用している者たちが、貨幣の発行者に対して、その負債に相当する価値を一方的に贈与しているに等しい。本来は、貨幣の発行者の方に負債がある。それなのに、逆に、貨幣を使用し、流通させる者たちの方にもともと負債があったかのように、彼らは、貨幣発行者に対して贈与する（借りてもいないものへの「お返し」をする）。債務の関係が逆転してしまうのだ。

ほんとうは負債を負っている者に対して、すべての人が、あたかも原罪のごとき原初的な負債があるかのようにふるまうようになること。これが、貨幣が成立するための条件である。第2章で、「負債としての貨幣」のあり方を、カントの無限判断に——否定判断に対するところの無限判断に——対応させておいた。無限判断は、貨幣が具現している負債が返済されなくてはならず、かつ返済されてはならないという二律背反を表現していたわけだが、今ここで述べたことは、この議論をさらに一歩、前に進めている。付け加えたのは次の論点だ。すなわち、貨幣が社会的に一般化するためには——広く流通するためには——、無限判断に対応する事態を前提にした上で、この無限判断を抑圧しなくてはならない、つまり無限判断を単純な否定判断のように機能させなくてはならない。具体的には、貨幣は、(貨幣発行者の)未決済の負債なのに、その事実が忘却され、それ自体で価値ある実体であるかのように、次々と支払いに使われていくのである。

さて、そうだとすると、自らの負債を、逆に自らへの負債へと転換させてしまう貨幣の発行者が、つまり負債の意味を魔術的に逆転させてしまう超越的な他者がいかにして可能なのかを問うことこそが、貨幣の成立を説明することであり、それゆえ、贈与交換のシステムから商品交換のシステムへの転換を説明することでもある。こうして、第二の問い、贈与交換と商品交換の間の関係をめぐる問題を解明するためには、何を説明すればよいのかがはっきりした。このことを念頭において探究を続けよう。

まずは、贈与交換に内在するポテンシャルがトータルに発現したとき、システムはどのような変容を被るのかを検討しなくてはならない。贈与交換のネットワークから、どのようなシステム構造が出現しうるのか。

## 2 ヒエラルキー化に抵抗する社会?

ピエール・クラストルは、儀礼的な贈与交換によって結ばれたネットワークは、「国家」に抗する性質をもつ、と論じている(Clastres 1974＝1989)。このことは、事実によっても実証できるが、明白な論理的な理由が根拠になっている。互酬性を指向する贈与交換は、関係者を対等化する。それに対して、国家は、直接的な関係性をはるかに超えた範囲にまで権力を及ぼしうる特権的な個人や機関が存在していることを条件としており、それゆえ、社会の構造が、ヒエラルキー(成層性)をもっていることを前提にする。贈与交換に孕まれる対等性への圧力が、ヒエラルキーの形成に対して破壊的に作用する。つまり、贈与交換のネットワークは、国家的なものへと向かいうるヒエラルキーを生み出すことに挫折し続ける。

国家に抗するメカニズムを少していねいに見ると、起きていることは繊細で両義的であることに気づく。ヒエラルキーへと向かいうる動きは、むしろ不断に発生している。贈与は、同時に負債を形成する。一方が他方に対して負債を負わせることが贈与である。与えたことで相手に貸しがあると自認する側と受け取ることで借りがあると認めた側との間には、垂直的な関係が、力の不平等な配分が生じている。ここには暫定的な小さなヒエラルキーが生じている。だが、他ならぬその同じ負債という観念がまた、このヒエラルキーに抵抗している。相手は受け取った以上は私に返すべきだということ、他者から贈られた以上は私はお返しすべきだということ、こうした当為の意識は、負債の観念の基礎に、それが本来は対等であるべき者たちの間の関係であるという条件が存在することを示しているからだ。

ともあれ、全体としては贈与交換のネットワークはヒエラルキー形成に対して抵抗する。今述べたように、一回ごとに贈与は、ヒエラルキーへと向かう萌芽を宿してはいるが、それはすぐに摘まれてしまい、一般的には、固定的なヒエラルキーは形成されない。ミクロには、ヒエラルキーへのポテンシャルが遍在しているのに、マクロな全体としては、ヒエラルキーは生まれないような状態になっている。

＊

ところが、ときに、こうした原則に明白に反するケースがあることもわれわれは知っている。すなわち、贈与のメカニズムを通じて、ヒエラルキーが維持されているように見える場合があるのだ。その典型が、インドのカースト制である。後でもう少し厳密に定義するが、とりあえず骨格となる部分だけ説明しておこう。カースト制は、四つのヴァルナ(種姓)の階層構造を基本としている。四つのヴァルナとは、上位から、バラモン(ブラフミン)、クシャトリヤ、ヴァイシャ、シュードラである。以下のように、ヴァルナごとに職業が異なっている。

バラモン　　司祭。儀式を執り行う。
クシャトリヤ　王族を含む戦士。
ヴァイシャ　　製造業、商人等。「市民」と訳される。

シュードラ　　農牧業や手工業に従事。「労働者」と訳されることもある。

これら四つのヴァルナのさらに下に、つまりアウトカーストとして、「不可触民」等と訳されるアチュートがいる。

この四つ（あるいは五つ）の層をもつヒエラルキーを貫いている原理は何か。贈与、しかも最も基本的な贈与だ。最も基本的な贈与とは、食物連鎖のことである。動物の世界には、弱肉強食の食物連鎖がある。草食動物が植物を食す。草食動物を食す肉食動物がいる。小さな動物を食す大型の肉食動物がいる。このように、動物は他の動物に身体を捧げ、贈与している。この連鎖を人間の世界にまで（象徴的な意味で）延長すると、四つのヴァルナの序列を得ることができる。各ヴァルナは、自分よりひとつ下のヴァルナを食い物にしている。たとえば、クシャトリヤはヴァイシャを食べる立場にある。言い換えれば、ヴァイシャは自分自身を「食物」としてクシャトリヤに与えている。

カーストは、一種の食物連鎖である。さらに次のように言うべきであろう。下位のヴァルナが上位のヴァルナに自らを与えなくてはならない、与えることが当然であると見なしているのは、自らに、その上位のヴァルナに対する負債があると感じているからである。食物連鎖的な贈与は、その最初からある（と前提にされている）負債に応ずるものであって、一種の返済である。その返済は負債を帳消しにするまでには至らない。そのため、ヒエラルキーは解消されることがない。

あるいは、同じことは次のように言い換えられる。カーストのヒエラルキーが、弱肉強食の食物連鎖のイメージのうちにあることを思うと、上位カーストと下位カーストの関係は、後者にとって、強者である上位カーストに食べられることにあるわけだが、そのことは、弱者(下位のカースト)にとっては強者(上位カースト)の中に統合されることを意味している。つまり、弱者である下位カーストは強者の上位カーストに「食べてもらっている」のである。この場合、強者が弱者を食べることは、それ自体、強者が弱者に恩恵を与えることであり、弱者は、自分自身の身体を捧げることをもって、その恩恵に報いていると見ることができる。とても尊敬している人に贈り物をするときの気持ちを思うとよい。その人が贈り物を受け取ってくれたという事実が、渡した側にとって嬉しいことであり、尊敬している人物からの最大の贈与にもなっている。

さて、ここでひとつの理論的な問いが提起される。最初に述べたように、贈与交換のネットワークは一般にはヒエラルキーの形成を抑止するように作用する。ところが、カースト制においては、まさに贈与の連鎖が基軸になって、ヒエラルキーが維持されている。この矛盾をどう解けばよいのか。ヒエラルキーに対立するはずの贈与のメカニズムが、いかにして、ヒエラルキーの構造と結びついているのか。

＊

カースト制が弱肉強食の食物連鎖のイメージを観念的に昇華させたものであるという事実は、ただちに、次のような推測を呼び寄せることになる。贈与交換とは別の外的な要因が、作用したのではないか、と。外的な要因とは、単純なむき出しの暴力である。物理的な暴力にもとづく制圧と支配があって、その結果が、カーストの序列というかたちで解釈されることを通じて、正当化されているのではないか。動物たちの強弱の表現である食物連鎖のイメージは、暴力・軍事力による強弱の表現にまことに適合的である。

だが、こうした説明は挫折する。この論理ではどうしても説明できない部分がカースト制にはあるのだ。それは、バラモンとクシャトリヤの序列である。カースト制の象徴的な食物連鎖が、物理的な暴力にもとづく強弱を反映しているのだとすれば、戦士であるクシャトリヤが頂点になるはずだ。どうして、クシャトリヤよりも上にバラモン(祭司層)がいるのか。この序列は、物理的な暴力によっては説明できない。物理的な暴力が根拠であれば、序列は逆であるべきだからだ。インド研究を専門としている人類学者ルイ・デュモンによれば、バラモンが王(戦士)よりも上にくるこの序列は、きわめて早い段階に——ヴェーダ時代の終わり(紀元前六世紀)にはすでに——始まっていた(Dumont 1964 = 1997: 72)。

どうして、バラモンが最上位で、暴力に関しては最も強いはずのクシャトリヤがその下にくるのか。象徴的な食物連鎖が、最も強い人間であるクシャトリヤのところで終わらないからである。人間を食べる者がいる。それは神々だ。こうした前提を入れると、バラモン/クシャトリヤの序列が理解可能なものになる。バラモンの機能は、神々が人間を食べることを防ぐことにあったのだ。バラモンは、神々に、人間の代理物を与える。それこそが、儀礼的な供儀の意味である。神々の食欲は、バラモンが供する代理物によって満たされる。言い換えれば、神々はバラモンによってだまされ、なだめられているのである。神々に対する贈与を遂行する権限を有する者、神々への贈与のやり方を知っている者はバラモンのみである。バラモンがクシャトリヤの上位にいる根拠はここにある。

このように、カースト制においては、食物連鎖に擬せられる贈与の連鎖が、人間のところで終わらず、人間を超える存在である神々にまで延びている。すると、われわれは問いの地点に差し戻される。贈与交換の関係性がいかにして——インドのカースト制においては——ヒエラルキーの構造へと結びついたのか。このことは、贈与交換に外在する要因、つまりむき出しの物理的暴力によっては説明できない。幻想の超人間的存在(神々)の次元にまで贈与の連鎖が伸びており、その中に物理的な暴力にもとづく序列は組み込まれている。要するに、物理的な暴力の序列は、贈与の連鎖にもとづく序列に従属している。そうであるとすれば、ヒエラルキーがいかにして生成され、維持されているのかということは、贈与に内在する論理によって説明されなくてはならない。暴力や戦争が関与しているとしても、それ自体が、贈与の論理の中に組み込まれているものでなくてはならない。実際、すでに述べたように、戦争や復讐もまた、競覇《きょうは》的な負の——相手に損害を与える——贈与の一種として遂行されてきたのだから(第3章第1節)。

## 3　カースト制

贈与の関係性から、いかにしてカースト制のようなヒエラルキーが出現しえたのか。まず、カースト制とは何か、厳密に定義し直すことから始めよう。カースト制は、「カースト」と呼ばれる世襲集団の間のヒエラルキーの構造である。ではカーストとは何か。社会学者のセレスタン・

ブーグレによれば、カーストは、三つの特徴によって互いに分断され、かつ結びつけられている。第一に、分離(結婚や身体接触における)。第二に、分業(各集団は伝統的にひとつの職業をもち、その成員はこの限界を超えられない)。第三に、ヒエラルキー(集団は相互に上位か下位かに序列化されている)。ここでヒエラルキーとは——ブーグレの定義では——、「集合を構成する諸要素を集合全体との関係で序列化する際の原理」である(Bougle 1993)。ルイ・デュモンも、ブーグレのこの定義を追認している(Dumont 1966 = 2001: 92)。

カーストはいくつあるのか。ここまでカーストとヴァルナを同一視してきたが、厳密には両者は別のものである(その関係についてはすぐ後に述べる)。「カースト」はポルトガル語で、それに対応するサンスクリット語は「ジャーティ」である。ジャーティの体系は非常に入り組んでおり、その全貌を見渡すことは誰にもできない。デュモンは、しばしば、主要なカースト(ジャーティ)を列挙し、その順位を教えてほしいと頼まれるが、この要求自体がナンセンスだ、と述べている。すべての具体的なカーストの体系は、小さな地理的な広がりの内部に限られているからだ。たとえば、床屋のジャーティはインドのどこにもあるが、その地位は北部と南部では異なっているという。

ヴァルナとジャーティは独立のものではなく、ある種の関係があるが、それは一義的で単純なものではない。どのジャーティがどのヴァルナに属するかという対応はあるが、ヴァルナの上での序列とジャーティとしての序列が完全に整合しているわけではない。とはいえ、まったく無相関というわけではなく、ジャーティの序列は、おおむねヴァルナの序列と合致する。結局、両者の間の関係をどう理解すればよいのか。述べたように、ジャーティの体系はきわめて煩雑である。ヴァルナのヒエラルキーは、カーストの本質、カーストなるものの意味を表現する図式のようなものである。われわれも現実の本質を理解するために、現実そのものとは合致しないモデルや概念を使う。ヴァルナはそうしたものに似ている。

ヴァルナのヒエラルキーは、カースト制の理念の表現であり、ジャーティの体系は、カースト制の実際的な運用である。カースト制を規定している基本的な原理は何か。デュモンは、それを「浄／不浄」の二分法がもたらす宗教的観念であるとしている。しかし、この認定は、まだ説明しなくてはならない部分を残している。浄と不浄の区別がアプリオリに与えられているわけではないからだ。いずれにせよ、この区別は、カーストという集団の同一性が、感覚や知覚といった、体験の直接的に身体的な次元に根ざしていることを示している。

カースト制のヒエラルキーには、浄／不浄の身体的なレベルの差異を前提にして、もうひとつの原理が作用している。もうひとつの原理とは、贈与交換の連鎖である。前節で述べたように、四層(アウトカーストを含めれば五層)のヴァルナに関しては、食物連鎖に見立てうる垂直的な贈与の連結がヒエラルキーを貫いている。この「食物連鎖」は幻想的・神話的なものだが、インド社会の実態をジャーティの体系としてみた場合にも、贈与交換が、そのときどきの現実的な目標に従属するかたちで、複雑に絡まりあって機能していることが分かる。次は、一九三〇年代初頭の研究から引かれた実例である。記されているのは、ジャーティの間の葛藤に関係した出来事だ。

床屋たちが踊り子たちを排斥した。踊り子たちが、床屋の結婚式で踊るのを拒否したからである。

ゴーラクプルでは、ある農場主が、チャマール〔革製品の職人〕たちの商売を邪魔しようとした。というのも、この農場主が思うには、チャマールたちが〔農場主の〕牛を毒殺しているからである（チャマールにこのような嫌疑がかけられることはよくあることである〔チャマールにとっては家畜がどんどん死んで、材料の革がたくさん手に入ると助かるから〕）。そこで、農場主は、自分の小作人に、死因がはっきりしない動物の皮はすべて引き裂いてしまえ、と命令した〔この皮がチャマールにまわされてももう製品にできない〕。チャマールの方は、女たちに、〔農場主のところで〕助産婦として働くのを辞めさせることで、農場主と対抗した。結局、農場主の方が折れた。

（グジャラート州の）アフマダーバードでは、銀行家がお菓子作り職人と諍いを起こした。その頃、銀行家は、自分の家の屋根を修復させていた。そこで、お菓子作り職人はタイル作り職人のところに行き、銀行家へのタイルの供給を拒絶するという約束を取り付けた（Dumont 1966＝2001: 227–8. 翻訳を一部変更した）。

ジャーティの体系は、分業に基づく相互依存のネットワークである。しかし、ここにある諸事例は、われわれの観点からは児戯めいたものにも見えてしまう。なぜかと言えば、ここで展開していることとは、商品交換的な意味での相互依存とは異なるものだからである。つまり、互いに必要な商品を提供しあい、それぞれに利益をもたらしている分業として見たときには、これらの事例は滑稽である。では、ここに描かれていたものは何なのか。

これらの事例が暗示していることは――フランシス・フクヤマもこの事例をもとに指摘していることだが(Fukuyama 2011)――、それぞれのジャーティの働きが他のジャーティにとっては儀礼的な意味をも担っている、ということである。菓子作り職人が、タイル作り職人と画策して銀行家へのタイルの供給を断ったとき、銀行家が失っているのは、屋根の材料以上の(あるいは材料以外の)ものだ。それは、タイルの内に宿った霊的な生命力(の断片)のようなものである。あるいは農場主がチャマールに送るはずの皮を傷つけたとき、彼が真にダメージを与えているのは、チャマールの魂に触れる何かである。

つまり、ジャーティの体系は、商品交換をもとにした分業であるのみならず、それ以上に、贈与交換――とりわけ儀礼的な贈与交換――のネットワークである。ヴァルナのヒエラルキーとして捉えたときには、カースト制は、骨太の一本の――さながら大動脈のような――贈与の連鎖である。ジャーティの集まりは、その太い血管の周りに張り巡らされた毛細血管のようなものとして捉えることができる。いずれにせよ、カースト制の根幹には贈与交換がある。

＊

ヴァルナの序列は、カースト制の理念の表現になっている。そこを貫く基本的なイメージは、神々を頂点とする食物連鎖である、と述べた。これが、初期のサンスクリット語の宗教文学の文献、つまりヴェーダ等では、どのように説明されているのか。ごくかんたんに整理しておこう

（Aglietta, Orléan eds. 1998＝2012. とりわけ、同書所収のシャルル・マラムー「ヴェーダ・インドにおける祭式的行為への支払い」。他に Kane 1973, Graeber 2011＝2016: 第3章に依拠している）。

最も初期の――紀元前十五世紀から前十三世紀頃――ヴェーダの詩は、負債への並々ならぬ関心を表現しているという。このとき、「負債」は、一般には罪と同じ意味であり、同時に単純に金銭的な負債をも指していた。先に、下位のヴァルナが上位のヴァルナに自らを捧げねばならないという当為の意識は、前者の後者に対する負債の感覚があることを意味している、と述べたが、初期のヴェーダの文献の中にある負債への言及の遍在は、こうしたわれわれの理解を裏書きしていると言えるのではないか。ここまで示してきた解釈に従えば、負債の最終的な形態は、神々への負債でなくてはならない。カースト制に内在する視点から見ると、人間が存在しているということ、それ自体が、神々への負債を含意しているはずだ。

実際、負債に言及するヴェーダの聖歌の中でとりわけ重要な役割を果たしているのが、死の神ヤマである。死の神が重要なのは、負債を有するということが、死へと定められているということと同じだと考えられているからである。この負債は神々に対して負っているものである。人間は、その負債を返済し続けるということにおいて生存している。負債がなければ、人間は存在しない。しかし、その負債を放置したままでも人間は生きることはできない。負債を解消しようとしていることで、人間は存在する。

人間の存在そのものと同一視されているその負債の返済は、人間が自らを（神々に）捧げることである、とされる。実際には、自分自身ではなく、身代わりが犠牲として捧げられる。その供儀の儀式を遂行するのがバラモンである。さらに、ジャーティの体系とヴァルナの体系で完全に合致する唯一のカテゴリーがバラモンである、ということを付け加えておこう。どちらのヒエラルキーでも、バラモンが最上位にいる。

人間の代わりに神に生贄として供されたモノの代表が牡牛である。インドに限らず、牡牛が生贄に用いられるケースは多い。ここに、第3章で積み残しておいた小さな問題への答えがある。儀礼的な贈与交換に用いられる原始貨幣は、ほとんどが身体を装飾する品だと述べた文脈で、「牛」だけがそうした見方には当てはまらない、と指摘しておいた。ごく初期の貨幣として牛がしばしば使われる原因は実は、ここに、つまり牡牛がしばしば神への生贄として使われていたということにあるのではないか。

ともあれ、目下の関心の中心はインドである。繰り返せば、ヴェーダのテクストは、どうしてわれわれ人間は神々に供物を与えなくてはならないのか、という問いに、はっきりと「われわれ人間は神々に対して債務をもつからだ」という答えを用意している。古代インドの研究家シャルル・マラムーは、こうまとめている。ヴェーダの理論では、「われわれは、生まれたときに、生まれるという事実だけから、債務を負い、債務者へと形成されたのだとされる」と(Aglietta, Orléan eds. 1998＝2012: 89)。

負債と返済(供儀)の観念は、さらに経験の他の領域へと一般化され、拡張的に解釈されていく。ブラーフマナ(ヴェーダ文献の一種、祭儀書)によれば、四種の負債がある。原点にあるのは、人間として誕生したことそのもののうちにある神々への負債であり、それは供儀という形式で返済される。これに加えて、人間は、ヴェーダの教え(つまり学問)を創った賢者に対しても負債をもつ。学習が、それに対する返済である。父祖たちにも負債があり、子をつくり、自分自身も父になることで返済される。最後に人間一般への負債があり、それは、よそ者を歓待する(あるいは喜捨する)ことで返済される。

＊

カースト制の内部に贈与と負債の原理が作用しているのを見てきた。だが、ここまでの記述の中で――贈与に関連する――きわめてあからさまな事実に、あえて明示的に言及してこなかった。カーストの間の関係は、述べてきたように、贈与交換のネットワークとして記述することができる。しかし、同時に、これとはまったく逆の傾向、つまり贈与交換のネットワークを形成しようとする力とはまったく反対向きの力も、カースト制には利いている。贈与のネットワークが拡がっていくのを抑止しようとする非常に強い力が、カースト制には働いているのだ。

この点を最もはっきりと見てとることができる事実は、カースト間の通婚の禁止である。第3章で示したように、原初的には最も重要な贈与の対象は、「人間＝女性」である。女性を配偶者として奪った者は、女性を与えた家族や親族に対して、決して支払うことができない無限の負債を負うことになる。結婚こそが、贈与の中の贈与である。しかし、異なるカーストの間の結婚は、基本的には禁止されている。カーストは、内婚的に閉じた集団になっているのだ。

それだけではない。通婚に限らず、異なるカーストの間の接触は制限され、極力抑えられている。先にブーグレによるカーストの定義を引いたが、三つの特徴の中の最初に挙げられている「分離」とは、カースト制のこうした特徴を指している。あるいは、カースト制に固有の「不浄」の観念もここから来ている。異なるカーストに属する者同士が接近し、接触することは、原則的には、好ましくないとする感覚がある。接触や接近は、広義の「贈与―反対贈与」の関係に含まれる。最も緩やかな意味で解釈した贈与と負債の関係に対しても、カースト制は抑制的な力を及ぼしている。

したがって、整理すると次のようになる。一方では、カーストのヒエラルキーには、贈与交換の連鎖が貫かれている。ヴァルナの幻想的・神話的なシステムとして捉えたときも、また職業的な分業のシステムとしてのジャーティの体系として捉えたときも、それは、贈与交換のネットワークである。しかし、他方では、通婚をはじめとする、カーストの間の相互の接触を制限し、贈与と負債にもとづく相互依存の程度を小さくしようとする力もカースト制には作用している。贈与交換の広がりや密度ということに関して、アクセルとブレーキが同時に踏まれているように見えるのだ。この対立的な二面を統一的・整合的に解釈しうる論理によってしか、カーストのヒエラルキーの成立を説明することができない。それはどんな論理なのか。

## 4　“liberté”の意味するもの

そのような論理を抽出するためには、視野を広げたほうがよい。ここまでカースト制だけを見てきたわけだが、カースト制の周囲にある古代インドの諸思潮、仏教をはじめとする諸思潮をも視野に入れた方がよい。カースト制とセットになっている宗教はバラモン教(古代ヒンドゥー教)だが、これに対抗しているように見える仏教等の諸思潮をも合わせて考察の対象としておきたい。というのも、それら諸思潮は、カースト制やバラモン教を否定しているように見えて、むしろカースト制と相補的な関係にあるからだ。まずは、どうして、一見対立的なものが、むしろ相補的であると見なさなくてはならないのかを説明しよう。

原始仏教を、その教義の内容ではなく、教団の組織構造の点から見れば、それがカースト制とは正反対の様相を呈していることは明らかだ。初期の仏教教団の特徴は、徹底した平等主義にある。教団には、あらゆる身分、あらゆる職業、あらゆる属性の人々が参加した。教団は、女性を含めすべてのタイプの人を受け入れ、平等に扱った。仏教教団の中では、カーストのヒエラルキーが完全にキャンセル(無効化)される。

こうした点から明らかなように、仏教とその教団はカースト制には批判的だ。それならば、仏教教団が、カースト制を根幹とする社会構造に挑戦し、それを変革しようとしたのか、と言えば、そんなことはない。仏教は、カースト制に基づく社会構造を容認し、むしろ、それに積極的に寄生した。たとえば、釈尊と弟子たちは、身分が高く裕福な――つまり高いカーストの――援助者がいれば、それを喜んで受け入れた。

＊

では、仏教をその代表とする(バラモン教＝カースト制の周囲にある)インド思想の基礎にあるモチーフは何であろうか。宗教現象学のミルチャ・エリアーデの含蓄のある言明がよい手がかりになる。エリアーデは大著『ヨーガ』を、次の一言で締めている。「すべてが、自由〔liberté〕の意味するものに依存している」(Eliade 1936 = 1978: 258)。

ここでエリアーデは、インド(東洋)的な思想と西洋的な思想との違いがどこに集約されているのかを端的に言い当てようとしている。「自由 liberty」は、西洋思想、とりわけ近代の西洋政治思想において、中核的な概念であることは説明を要すまい。個人の自由を、交換様式のレベルで十全に実現したときに得られるのが、貨幣を用いた商品交換だと見ることができるだろう。ところで、"liberty"や"liberation"を「解脱」と訳せば、今度は、インド的な概念になる。「liberté の意味するもの」が何かに依存して、西洋的なことなのかインド的なことなのかが決してしまう、というわけだ。

何が違うのか。西洋の政治の歴史があたかもそれを目指していたかのようにして十九世紀頃に実現した(個人の)「自由」と、インドの思想や実践がはるかな古代から関心を向けていた「解脱」とでは、どこに根本的な違いがあるのか。日常の生活世界を規準におくことで、両者を分けることができる。liberty を日常の生活世界の内部に実現しようとすれば、西洋的な「自由」となり、逆に、日常の生活世界から外部へと向かうものとして実現すれば、インドの「解脱」になる、と。どうして、「西」と「東」でこのような違いが出るのか。とりわけ、インドにおいて、目指されるべき「自由」が解脱という形態をとるのはどうしてなのか。

解脱、つまり生からの解放が究極の目標となるのは、ひとつの前提があるからだ。生が「苦」

であるという前提が、である。エリアーデは、「苦からの自己自身の「解放」、これがすべてのインド哲学およびインドの神秘主義の目標である」とする。たとえば、ヨーガの根本教典『ヨーガ・スートラ』(二〜四世紀頃)には、「賢者にとってすべては苦〈のみ〉である」とある(Eliade 1936＝1978: 35)。同じことを釈尊ももっとはっきりと述べている。「一切皆苦」と。

何がそんなに苦しいのか。釈尊によれば、苦は「生・病・老・死」だが、そうすると、生まれたことがそれ自体で苦だということになる。この感受性はどこからくるのか。エリアーデは、「一切皆苦」のような命題に深いペシミズムを見るべきではない、と論じている。だが、そうだとすると、何が苦と感受されているのか。

＊

このことは、生の「苦」にどう対抗するようにインドの思想が説いているのか、ということから逆に照射されるだろう。原始仏教が、苦への処方として置いたのが「無我」である。この場合の「無我」は、神秘的で形而上学的な含みはまったくない。それは、最も広い意味での所有の放棄を指している。つまり、何ものかを、何ごとかを「わがもの」「われに属するもの」と観念することを徹底的に排斥することだ。

ここで、ルーマンが述べていたことをあらためて思い起こしておこう。ルーマンによれば、経済システムの根本問題は、稀少性である。稀少性は、客観的な状態ではなく、社会システムによって媒介された認知(観察)がもたらす構築物だというのがルーマンの主張であった。ともあれ、その稀少性に対して経済システムがとる対処法が、まずは占取であり、ついで所有だった。そうであるとすれば、「無我」とは、経済システムの初発の対応そのものを否定し、排除することである。つまり、それは、経済システムの零度だということになる。

さて、仏教やヨーガが、そこからの離脱をめざしている「苦に満ちた生」とは何か。つまり、「無我（無所有）」であることを通じて離脱されるべき生とは何か。これに対する教科書的な答えは、こうなる。そこから離脱すべきとされている生の様相とは、輪廻である、と。インド思想にとって、生命が輪廻していることは前提である。さらに問われなくてはならない。輪廻は、抽象的な観念である。この輪廻という像をあたえられた宇宙のあり方が苦の源泉であると了解されるとき、こうした了解に説得力を与えている直接の具体的な経験は何であろうか。

輪廻という観念が意味をもつのは、輪廻を通じて持続する実体（霊魂）を支配する法則に一貫性があるときだけだ。その法則とは、ある種の因果関係、つまり縁起である。輪廻の時系列の中で後に結果を残す行為のことを、仏教では「業《カルマ》」と呼ぶ。善い結果（果報）を残す業が善業、悪い結果を残す業が悪業、どちらでもないものが無記業である。修行とは、善業を積むことである。多くの善業を蓄積した者は、来世において、より高い地位に転生する（逆に、悪業を重ねた者は、来世において低い地位が待っている）。そして、転生を通じて、十分に多くの善業を蓄積すれば、最後には、輪廻そのものからの自由、つまり解脱が得られる、ということになる。

仏教が前提にしていく輪廻思想によれば、衆生（生あるもの）のためには、六つの領域（六道）が用意されている。「地獄／餓鬼／畜生／阿修羅／人間／天上」の六つだ。後の領域ほどよい、とされる。現世において人間であっても、悪業を重ねれば、来世では、阿修羅になったり、餓鬼になったりする。この衆生のヒエラルキーが、カースト制のヒエラルキーとおおむね類比的な関係にあることは容易に理解できるだろう。カースト制の共時的な体系を、輪廻の通時的な軸に写像すると、六道が得られる（カースト制を構成する四つのヴァルナに、バラモンよりさらに上位の神々とシュードラよりもさらに下位のアチュートを加えると、やはり六つの階層になっている）。

さて、輪廻についてのこうした説明を納得させてしまう原体験は何なのか。推測はさして難しくはない。それは、贈与と負債をめぐる体験、互酬性の体験であろう。誰かに善いものを贈与すれば、われわれは普通、直接的に――あるいはときにめぐりめぐって間接的に――お返しがあるのではないか、と期待する。逆に、負の贈与をしたときには――つまりいずれかの他者に害を与えたときには――、報復を恐れることになる。こうした交換関係を抽象化し、非人格化して表象すれば、縁起の関係になる。善業が、正の贈与であり、悪業が、負の贈与にあたる。さらに、類推を拡張しておこう。他者からの贈与は、直接には歓びではあるが、同時に、負担や苦痛の原因にもなる。それは、私にとっては負債となり、お返しへの強迫を帰結するからだ。それと裏返しの関係にあるのが、他者からの負の贈与――たとえば略奪されること――である。それは、復讐への意志をもたらす。

贈与をすれば、お返しがあってしかるべきであるという互酬の感覚が、縁起の論理の基底にある。とはいえ、お返しへの期待は常に満たされるとは限らないし、報復が常にあるわけでもない。そうした不充足感を補償する一つの方法は、お返しや報復は死後にあるはずだ、死後までをも視野におさめれば互酬性は維持されている、と解釈することである。そうした解釈から構築されるのが、縁起の法則に支配された輪廻という観念であろう。

ここまでくれば、仏教やヨーガ、あるいはインドの神秘思想が、そこからの解脱を目指した、「苦としての生」の原点が何であったかは明らかであろう。「苦」として感受されていたことは、「正／負の贈与」と「お返し／報復」のネットワークに組み込まれたことから生ずる束縛である。

このようなネットワークの中にいれば、われわれは常に誰かからの贈与に支えられていることになる。それは、誰もがとてつもなく大きな負債をもつ、ということである。あるいは、こうしたネットワークの中では、われわれは常に、誰かから攻められ、奪われる可能性に、したがって貴重なものを喪失する危険性にさらされており、こうした事実が憎悪の感覚を生み出す。罪や憎悪をめぐるこうした感覚こそが、「一切皆苦」の「苦」の由来だろう。

解脱とは、贈与のネットワークのこうした束縛からの脱出である。そのための「無我（無所有）」が説かれた理由は明らかだ。無我とは、贈与の対象となるような、あるいは他者に奪われることを恐れなくてはならないような貴重なモノへの執着を断つことである。そうした執着さえなければ、人は負債感からも、また喪失の恐れからも解放されるだろう。

＊

そうだとすると、前節に述べたことも合わせて、次のような構図を得ることができる。第一に、カーストのヒエラルキーの全体を貫いている基本的な原理は、贈与交換、垂直化された贈与交換だ。本来、水平的な関係へと向かおうとする贈与交換が垂直化しているのは、いくら返済しても負債が消えない、かのように感じられているからだ。低いカーストの者は高いカーストの者へと自ら自身を与えている。それは、消えない負債への返済と見なされている。第二に、カーストのシステムには、人が贈与へと依存することをできるだけ抑制しようとする力が働いているようにも見える、と述べた。それが、カースト間の通婚の禁止、カースト間の(浄/不浄の観念に基づく)無際限の接触のタブー視という形式をとる。

そして、第三に、カースト制の外部に、広義の贈与交換のネットワークの中に組み込まれている「生」を苦と見なし、そこからの離脱を指向する思想と実践がある。そのような思想・実践の代表が仏教ではあるが、仏教だけではない。たとえば、そのライバルのジャイナ教も、目指すところは同じである。

あるいは、ここまで何度か言及してきたヨーガも同様だ。今日では、ヨーガは、リラクゼーションやダイエットの技法として普及しているが、ヨーガの本来の目的は、もちろん、まったく別のところにあった。ヨーガは何をやっているのか。それは、無我——所有の放棄——の身体技法版だと解すればよい。所有の放棄は、普通は、「私」と所有物との関係で規定されるが、それを、「私」の行為・行動の全体にまで広げたらどうなるのか。所有の放棄とは、結局、行動の無効化ではないか。ヨーガとは、通常の行動をすべて逆にすることで、プラス・マイナス=ゼロにしてしまう技法である。人が行動すれば、それは、必ず、他者に対する(正負の)贈与となる。それをなかったことにするためには、行動を無効化すればよい。ヨーガは、そのための技法だ。卓越したヨーガ行者は、自分の精液を捕まえて、回帰させることさえできた……とされている。

このように、インド文明のコンテクストにおいて、贈与交換の傾向に対して、肯定的な力と否定的な力が錯綜して作用しているように見える。この全体を統一的に説明しうる論理を得るためには、何が起きているのかを、もう少しだけていねいに観察しなくてはならない。

## 5　マヌ法典が規定するライフ・サイクル

マヌ法典は、バラモン教の世界観とそれに基づく行動準則を記したテクストである。このテクストは、世界の創造主ブラフマーの息子にして人類の始祖でもあるマヌが、聖賢リシたちの懇請に応じて語った、すべての人間の規範となるべき「ダルマ」を記したものだ、……ということになっている。法典が編纂されたのは、紀元前後のことであると考えられているが、ここに書かれている行為規範の体系がこのとき一挙に創造されたわけではなく、紀元前六世紀から前二世紀にかけて蓄積されてきたことがらの集大成である(渡瀬 1990)。

マヌ法典は、男のたどるべきライフ・サイクルについて奇妙な規定を含んでおり、テクストを読む者の注意を惹き付けずにはいられない。男は、標準的には、「学生期(師を見つけ、その下でヴェーダを学習する)→家長期(家長として家族を守り、ヴァルナやカーストに定められた仕事に従事する)→林住期(森に住み、ヴェーダを唱えながら修行する)→遍歴期(乞食しながら遍歴し、ヴェーダの復唱に専念する)」の四つの段階を辿って人生を終えるべきである、とされる。どうして、人(男)はこのような段階を歩んで生きなくてはならないのか。

この規定が奇妙なものに見えるのは、人生を構成する四つのフェーズの中で、普通の生活と見なしうるのは、中間にある家長期だけだからである。ここで「普通の生活」というのは、共同体の存続に貢献しうる、ということだ。標準的な法典がどうして、共同体にとってとりたてて意味があるとも思えない生き方を主要部分とするような人生を規範的なものとして指定しているのだろうか。その理由は、前節で述べたこと、つまり生きることがどのような意味において「苦」であると見なされていたのか、ということを考慮に入れると理解できる。したがって同時に、この四段階がどのような原理に従っているのかということは、贈与交換(とその裏面である負債の連鎖)の傾向を強化し活用しようとする力とそれを抑制しようとする力とが、どのようにして統一されているのかを説明するための手がかりを与えてくれる。前者の傾向の中に巻き込まれることこそが、「苦」の原因とされていたからだ。

まず、マヌ法典の作者たちが何を価値あるものと見なしたのか、言い換えれば、彼らにとって「浄」とは何か、を検討しておこう。前節で仏教等のインド思想を媒介にして導き出した論点を再確認することができる。説明しよう。マヌ法典の成立に先立つ時期には、禁欲主義が流行した。マヌ法典は、この禁欲主義者の価値観を反映している。たとえば、初期ウパニシャッド(奥義書)のあるテクストには、林住者として人里離れたところで苦行に励む人は、「神の道」を通ってブラフマン(宇宙原理)に達するが、村で祭式儀礼等を行っている者たちはブラフマンには至らず、この世界の中に再生する——輪廻転生する——と記されている。後者は、まさに「家長」としての普通の生き方、つまり家族を養い、仕事をし、村で生活する伝統的な生き方である。前者が、禁欲主義の生き方にあたる。禁欲主義者は、人々の集住地から離れた森の中で暮らし、禁欲(菜食)に徹し、ときに苦行を行った。彼らは乞食しながら、村から村へと遍歴することもあった。すぐに分かるように、禁欲主義者の生活は、マヌ法典が指定する人生の四段階の最後の二つのフェーズに内容的に重なっている。このような禁欲主義者が実際に相当数いた。

禁欲がどうして推奨されたのか。どうして菜食に価値がおかれたのか。あまり楽しそうではない禁欲主義的な生き方が流行したのはどうしてなのか。こうした疑問への答えは、古代インドにおいては、とりわけ食物連鎖に喩えられた贈与の連鎖に組み込まれることにこそ、根源的な苦があると考えられていた、ということを考慮にいれれば、たちどころに得られるだろう。禁欲主義=菜食主義は、この連鎖からの離脱を意味していた。肉食をしなければ、食物連鎖に組み込まれずに済むのだから。

さらに、人々とコミュニケーションをとることは、多くの場合、他者への負の贈与になっている。つまり、他者に迷惑をかけたり、他者に苦痛を与えることになったり、他者への攻撃になったり、さらに他者への暴力にすらなりうる。こうしたことは、仏教的に言えば、悪業の蓄積を意味している。悪業は、縁起の連なりを媒介にして、必ず自分自身に対する負の贈与として返ってくる。他者とのコミュニケーションは、攻撃的・否定的なものばかりではない、と思うかもしれないが、それはそれで問題だ。他者から恩恵を受けることは、私が、その他者に対して負債を負ったことを意味しており、そのことによって私は他者に束縛されることになるからだ。これもまた、生における苦の原因となる。

したがって、人々の日常の生活を構成している無数の贈与の連鎖の中に組み込まれていることが、否定的な生のあり方なのであって、「不浄」として意味づけられているのである。言い換えれば、「浄」とは、食物連鎖をはじめとする贈与の連鎖から離脱している程度である。贈与の連鎖から解放されている者ほど「浄なるもの」と見なされたのである。人里離れた森の中で暮らし、菜食を中心とする禁欲の生活を送る者は、浄なる者である。

さて、マヌ法典が規定する人生の始点と終点(目的)は、禁欲主義に方向づけられている。つまりこの人生の全体を形式的に枠づけているのは、禁欲主義だ。しかしライフ・サイクルの内実をよく見れば、ひとりの男が最も精力的でありうる年齢は、家長期にあたっている。したがって、この四段階の人生という規定は、実質的には、むしろ反禁欲主義的で伝統的な生き方を指定しているのだ。形式だけみれば、禁欲主義に方向づけられているが、実質は、逆に反禁欲主義的な人生を推奨していることになる。形式には、しかし、重要な効果がある。マヌ法典の規定通りに生きようとする男は、形式的には禁欲主義に従った人生を送っていることになるので、食物連鎖や弱肉強食の暴力的な束縛から逃れ得たことになるからだ。彼は、形式的には、苦から開放された人生(禁欲主義の人生)を送りたいという願望をかなえられているため、悪業を積むことについてあれこれ懸念することなく安心して、日常の仕事や家庭生活に打ち込むことができるのである。

*

ここには、非常に広く一般的に見られるあるやり方が活用されている。そのやり方を一般化すれば、「(いくつもの)例外を伴う普遍的規定」ということになる。つまり「原則的にはpだが、qの場合は例外である」という命題によって保護されている普遍性pである。この手法は、とても「便利」である。なぜなら、普遍性が維持されているという体裁を崩すことなく、普遍的な規定を犯し、骨抜きにすることができるからである。普遍性は保たれているという形式のもとで、普遍的な禁止や支配からいくらでも逃れることができるのだ。

たとえば、日本国憲法九条のことを思えば、この手法がどのように活用され、機能するかがすぐに分かる。ベースには、「あらゆる戦争を放棄し、一切の戦力をもたない」という強い普遍的な規定がある。しかし、これに例外が次々と付けられていく。「ただし自衛のための戦力は、戦力ではない」「ただし他国の戦力を駐留させても、戦力を保持したことにはならない」「ただし集団的な自衛権の行使もまた、自衛である」等々。このようにいくつもの例外を付け加えていくと、日本は、結局、普通に軍隊(戦力)をもち、たいていの国が戦争を始めるケースと同じ理由で戦争もできる国になる。ここで重要なのは、「九条」という、もとにある普遍的な規定を否定することなく、実質的には、それを無効化できるということである。日本政府と日本人は、九条を遵守しているので、かえって安心して戦力をもち強化することができるのだ。

マヌ法典の四段階もまた、同じ論理に、つまり「例外を許容する普遍性」という論理に従っている。「人生は全体として浄をめざす禁欲主義に従うべきだ」という普遍的な規定がまずある。実際、人生はヴェーダの学習から始まり、禁欲主義的な林住生活や遍歴生活を目標としている。ここに「ただし家長期だけは例外である」という条項が付けられている。始まりと終わりが禁欲主義に準拠していれば、その中間で外れても不浄には至らない、という発想である。ということは、結局、たいした仕事がまだできない若年期と、わずかな余命しか残していない高齢期だけを禁欲主義のために残しておけば、人生全体が禁欲主義にもとづいていることになる、というわけだ。実質的には人生の活動的な時期の大半を反禁欲主義的な世俗の活動に費やしているにもかかわらず、である。

## 6 二つのアウトカースト

マヌ法典に記された人生の規定に拘ってきたのは、これと同じ原理が、カースト制度においても働いているからである。すなわち、個人の人生に適用されたのと同じ原理が、社会システムの全体に適用されると、人生の通時的な四段階に代わりに、社会システムの共時的なヒエラルキーが得られる。そのヒエラルキーこそカースト制にほかならない。人生の四段階は、「人生の全体が浄である」という普遍的な規定に例外を付すことによって、不浄にも触れうる家長としての活動を可能なものとした。同様に、古代インドで、「社会システムの全体が浄性によって支配されている」という普遍的な規定をまず措定し、そこに例外を付すことで、カーストやヴァルナの序列が決まる仕組みになっている(大澤 2014: 195–9。また、Žižek 2010: 18–9 も参考になる)。

「(いくつもの)例外を伴う普遍的規定」という原理を適用した場合には、必然的に、その規定によってカバーされている行為や体験の領域に、例外による汚染が濃厚な部位と汚染が少ない部位とが――言い換えれば普遍性が字義通り保持されている部位と普遍的な規定からの逸脱が大きい部位とが――出てくる。個人のライフ・サイクルにおいては、晩年の林住期・遍歴期が例外による汚染の程度が小さく、壮年の家長期にはそれが極大になる。社会システムに関しても同様のことが言える。

菜食主義のバラモンは、例外による汚染の水準が低い——つまり浄性の程度が高い。バラモンは、生き物を殺さないこと、そして富に執着をもたないこと、この二点によって、食物連鎖と贈与連鎖から距離をとり、浄性を維持している。しかし全員がバラモンのような浄なる生活を送っていたら、社会システムそのものが成り立たない。バラモンを理念的な極として、その浄性を犯す例外的な条件が付けられる階層が配置され、社会システムの維持や存続に貢献する。付せられる例外的な条件が多いと、不浄性の程度が高まり、その分、ヒエラルキーの低位に置かれることになる。

まず社会システムに秩序を与えるためには、政治が必要となる。政治を維持するためには、誰かが武力を用いて、人々を支配しなくてはならない。これが、浄性についての普遍的な規定を犯す、第一の例外的条件となる。この条件に対応している社会的な階層が、王―戦士であるクシャトリヤだ。クシャトリヤは、バラモンを定義する二つの要件のうちの第一のもの「生き物を殺さないこと」に対する例外によって特徴づけられる。さらに、社会システムを物質的(経済的)に維持するためには、誰かが富に対して一定の執着をもって商人となったり、あるいは農業や牧畜といった生産活動に従事しなくてはならない。こうした仕事に関わる社会的な階層は、バラモンを定義するもうひとつの要件「富に執着しない」に対する例外によって特徴づけられ、クシャトリヤよりもう一ランク不浄性の程度が高くなる集団ヴァイシャである。「バラモン／クシャトリヤ

／ヴァイシャ」の三階層よりもさらに下には、動物を殺したり、死体を扱ったり等の不浄性（例外性）が極大になる活動に従事しなくてはならない階層がある。それが、他の三つのヴァルナに奉仕することが義務付けられている最下位のヴァルナ、シュードラである。

こうして、カースト制を（理念的な意味で）構成している四つのヴァルナが導き出された。このヒエラルキーを導き出す上で、核となっている関係は、バラモンとクシャトリヤ（王）の二項である。基本的な原理は、普遍性（普遍的な浄）に例外を付していくという方法にあった。この原理において、普遍性の方を代表しているのがバラモン、例外性の方を代表しているのがクシャトリヤである。「バラモン／クシャトリヤ」の二項と同型的な関係を、下位の層に向けて反復的に適用していくと、より低いヴァルナが導き出されるのだ。つまり、

バラモン：クシャトリヤ＝クシャトリヤ：a=a：b

という方程式を用いれば、まずは「a＝ヴァイシャ」、ついで「b＝シュードラ」という解を得る。

＊

カースト制の各階層（各ヴァルナ）が、「例外を伴う普遍性」の原理に従って導かれているとすると、さらに次のようにこの論理を発展させることができる。

まず、すべてのヴァルナ（階層）が、ある程度の浄性（普遍性）とある程度の不浄性（例外性）をもっているということになる。「浄（普遍）／不浄（例外）」の混合の度合いは、相対的なものである。

とするならば、バラモンよりもさらに徹底して、「普遍的な浄」の水準を高めることができるはずだ。バラモンといえども、「不浄」の要素はゼロではなく、クシャトリヤとの違いは相対的なものでしかないからだ。バラモンは、供儀の主宰者だった。供儀は、宛先が神々である贈与であり、カースト制の骨格をなす食物連鎖的な贈与の流れの終端である。とすれば、彼らもまた贈与の連鎖の外部にいるわけではない。

普遍的な浄性を、バラモンを超えて徹底して追求すればどうなるか。つまり、「x：バラモン＝バラモン：クシャトリヤ」という方程式を解いたらどうなるか。こうした得られるxは、社会的な贈与の連鎖の完全な外部に出てしまうほかない。つまり、共同体の生活から離脱した遁世者になるほかない。そうした者たちのための宗教が、たとえば仏教(あるいはジャイナ教)ではないだろうか。仏教は、バラモン教の社会秩序が——すなわちカーストのヒエラルキーが——、その論理の必然的な結果として残存させる外部に対応した宗教なのではあるまいか。

同じことは、ヒエラルキーの頂点にだけではなく、底辺にも成り立つはずだ。シュードラよりもさらに徹底して不浄性の程度を高めれば、つまり「ヴァイシャ：シュードラ＝シュードラ：y」という方程式を解けば、どうなるか。もはや不浄以外のなにものでもない、という社会的な層が導かれるはずだ。それこそが、アチュート(不可触民)である。アチュートも、サンガ(仏教の出家者の集団)と同様に、ヒエラルキーの外部に放逐される。

カーストのヒエラルキーは、このように、その頂点と底辺の両側にアウトカーストを生み出す。二つのアウトカーストは、共軛的な関係にある。バラモン教がその外部に仏教を持たなくてはならなかったのと同じ論理に従って、カーストのヒエラルキーの外部には不可触民が析出されたのだ。

## 7　再分配システム

第2節(の前半)で述べたように、互酬性への強い圧力が働く贈与交換は、ヒエラルキー形成に対して、抑止的に働く。何かを与えれば、負債感を媒介にして、相手に対して優位に立つことができる。しかし、その贈与は同時に、相手からのお返しを誘発する。当然、お返しが実現すれば、最初の与え手の優位は無効化される。そもそも、贈与交換は――本質的に互酬性を指向している贈与交換は――、与える者と受ける者とが対等であるということを前提にして開始される。互酬的な贈与の実現は、この期待されていた前提が現実によって満たされたことを示している。このように贈与交換は、基本的には、当事者の間の対等性を想定し、それを現実のものにしようとする。そのため、贈与交換は、社会システムの中に権力を不平等に配分するヒエラルキー化に対しては、否定的に作用する。

だが、同時に、多数の贈与交換の相互に絡まり合う集合は、まったく逆方向に作用するメカニズムにもなりうる、ということをこの章のここまでの考察は示唆している。インドのカースト制のヒエラルキーは、贈与のメカニズムを通じて構成されている。下位のカーストは、上位のカーストに、いわば自分自身を贈与しなくてはならない、と感じている。どうしてそのような当為の意識が生ずるのか。下位のカーストは、上位のカーストに対して、はじめから負債があるかのように感じているからである。下位のカーストの上位のカーストへの奉仕＝贈与は、その原初的な負債感に触発されたものであって、はじめから一種の「お返し」である。しかし、いくらお返ししても、上位のカーストへの負債感は(なぜか)消えないため、固定的なヒエラルキーが形成される。インドのカースト制においては、最終的には、人間の存在自体が、神々から与えられたものと見なされている。つまり、最も本源的な負債は、神々への消えない負債であり、それが、ヒエラルキーの頂点に、物理的暴力において最もまさるクシャトリヤではなくバラモンが配置される理由になっているのであった。

カースト制は、本来はヒエラルキー形成に抵抗するメカニズムである贈与交換が、逆に、ヒエラルキーに対して構成的にも作用しうるということを示す実例である。だが、贈与交換のネットワークは、いかにしてヒエラルキーを生成し、維持するのか。どのような機制が働いているのか。これが、次に説明すべきことだが、その前にもう少し事態を整理しておきたい。

カースト制は、確かに、贈与交換のネットワークから成っている。全体の骨格とも言うべき、四つのヴァルナの階層は、繰り返し述べてきたように、食物連鎖に見立てられる垂直的な贈与になっている。またミクロに見ても、各コミュニティの中の無数のジャーティの間の依存関係は――機能的な分業というよりはむしろ――煩雑なタブーや儀礼的な手続きをともなう贈与と反対贈与の絡まり合いである。だが同時に、カースト制は、贈与交換のネットワークが広がったり、贈与交換への依存度が高まったりすることに対しては、非常に抑制的でもあった。それどころか、このシステムは、贈与交換の関係から離脱し、孤立している状態の方こそを原則とし、「浄」と意味づけているのだ。さまざまな贈与交換は、この原則(普遍的規定)に対する「例外」のようなものとして付着しているのである。カースト制は、あたかも、贈与交換のネットワークがそのポテンシャルを全面的に開花させることを恐れているかのようだ。

カースト制においては、贈与交換のネットワークに対して、アクセルとブレーキ、肯定的な力と否定的な力の両方が働いている。ブレーキの方は、当事者たちの主観的な意味づけとしては、今述べたように、生の本来のあり方(「浄」なる状態)だが、客観的には明らかに、贈与交換から生まれる「弊害」――「苦」として意味づけられる被贈与者への束縛――に対するシステムの二次的な対応である。その対応を、洗練させれば、仏教のような思想・実践にもなる。さて、そうだとすると、次のように問いを発してみたらどうか。もし、この二次的な付加物であるブレーキがなかったらどうなっていただろうか、と。

強いブレーキが働いていても、贈与交換のネットワークからはヒエラルキーが発生する。もしブレーキにあたる抑制的な装置やイデオロギーが存在していなければ、インドのカースト制を凌ぐ広域で組織されたヒエラルキーと、それに随伴した大規模な再分配システムが出現するのではあるまいか。

カースト制のヒエラルキーは、萌芽的な再分配のシステムである。下位のカーストは上位のカーストに奉仕し、贈与するのだが、それは、下位のカーストが上位のカーストに負債があると感じているからだ。とすれば、下位のカーストと上位のカーストの間の関係は、垂直的な互酬性があり、カースト制は全体として、上位のカーストを中心におく再分配のシステムになっている。

だが、カースト制は、ローカルなコミュニティごとに分かれており、その再分配の範囲は大きくはない。だが、もし贈与交換のネットワークに作用している、否定的な力が外されれば、もっと大規模な再分配システムが出現する可能性もあったはずだ。カースト制のローカルなコミュニティをはるかに凌駕する広域を、単一の中心からの贈与と反対贈与が及びうる範域として指定する再分配システムが、である。

それは、具体的にはどのような社会システムだろうか。中華帝国こそ、そのようなシステムの典型的な実例であろう。中華帝国は、ひとつの経済システムとして捉えれば、結局のところ、皇帝を中心とした大きな再分配システムである。中国の歴代王朝は、皇帝を有する自らを文明の頂点、最も文明化された価値ある場所とみなし、そこから離れれば離れるほど、段階的に文明度の低い（つまり野蛮な）領域と解釈してきた。最外部には、北狄・南蛮・東夷・西戎と呼ばれる、文明の恩恵が及ばない野蛮な空間がある。文明が及んでいるとはどういうことかと言えば、それは、皇帝を中心とした再分配の関係の中に組み込まれていることにほかならない。

皇帝に近い者ほど、より緊密な再分配の関係の中に組み込まれている。皇帝に仕える行政スタッフ、つまり「臣（士大夫）」が、この点で最も濃密であることは言うまでもない。その下にいる「民」は、皇帝からの保護と引き換えに税を納めなくてはならない。中華帝国の再分配の機構としてとりわけ興味深いのは、いわゆる朝貢に基づく主従関係である。朝貢は、今し方解説した華夷秩序のコスモロジーを前提にした手法だ。

中華のまさに中心たる所以である皇帝から見たとき周辺にある王国や共同体は、中心と贈与—

反対贈与の関係――これを「朝貢」と呼ぶ――をとり結ぶことによって、文明の恩恵にあずかり、自らを価値あるものとしてこのコスモロジーの中に位置付けることができる。まず、周辺の王や首長は、皇帝から冊封を受ける。すなわち、彼らは、皇帝との間で君臣の関係を結ぶ。このような地位を与えられた王や首長は、皇帝に使節を送って、貢物を捧げなくてはならない。これを受け取った皇帝は、今度は、貢物を上回るような返礼――回賜《かいし》――を王や首長に与える。こうした朝貢の関係に入れば、周辺の王国や共同体は、皇帝からそれ以上の干渉を受けることはなかった。

カール・ポランニーは、「互酬」と「再分配」とを、社会統合の異なるパターンとして単純に対置している。またグレーバーは、「交換(互酬的な贈与)」と「ヒエラルキー」を、本質的に異なる様相の経済的関係と見なした。二人とも、それらが一つの社会システムの中に共存していることは認めているが、再分配やヒエラルキーは、互酬的な贈与交換とは異なる原理に基づくものとみなしている。だが、この章で示した事実から推測できることは、贈与交換のネットワークと再分配(ヒエラルキー)の間には、内在的なつながりがある、ということである。確かに、一方では、贈与交換は、不平等化(ヒエラルキー化)を抑制する働きをもつ。しかし、他方で、贈与交換の集合から自律的に再分配のシステムやヒエラルキーが生成する可能性もあるのではないか。インドのカースト制の存在は、こうした可能性を示す証拠と考えられる。カースト制は、不平等化に抗する贈与交換と大規模な再分配システムの間の中間を占めているように見えるのだ。次のような論理の――歴史や進化とは無関係である――順序を考えることができる。

贈与交換　↓　（カースト制のヒエラルキー）　↓　再分配

だが、贈与交換のネットワークと再分配のシステムは、いかなる機制によって媒介されているのか。両者は、どのような論理によって接続しているのか。本来、不平等化に対して否定的な贈与交換が、どうして再分配のシステムを生み出すこともあるのか。

## 8　原初的な贈与をめぐる二つの不可解

この問いに答える前に、補助線となる二つの事実を確認することから始める。二つとも狩猟採集民の原初的な贈与に関するものだが、われわれ現代人の観点からは理解しがたく、たいへん不可解な印象を与える。

十九世紀から二十世紀の初頭にかけて、アマゾンやアフリカの狩猟採集民の社会に入った宣教師や探検家をたいへん驚かせたことがある。定型的な筋をもっているのだが、その代表として、イギリス人宣教師たちがコンゴで体験したことを紹介しよう。現地人の一人が重い肺炎にかかったので、宣教師たちは、彼を治療し、濃いチキンスープなどを与えた。おかげで、この病人は命をつなぎとめた。宣教師たちが、次の目的地へと向けて旅立つ頃には、彼はすっかり回復していた。宣教師たちが旅支度をしていると、この男がやってきて、なんと宣教師たちに贈り物を要求してきたのだ。宣教師たちはびっくりして、これを拒否すると、男の方も同じくらい驚き、大いに気分を害した。宣教師が、贈り物によって感謝を示すべきはあなたの方ではないかと言うと、彼の方は、「あなた方白人は、恥知らずだ！」と怒って言い返してきた。

このエピソードは、二十世紀前半の哲学者リュシアン・レヴィ＝ブリュールの著書から引いたものである。レヴィ＝ブリュールは、「未開社会」の人々が、「われわれ」とは異なる論理で思考し、行動していることを示す証拠として、似たような報告事例をたくさん蒐集している（Lévy-Bruhl 1923）。溺れていた男を救ってやったところ、その男から高価な服を要求されたとか、トラに襲われて大けがを負った人を治療してやったところ、さらにナイフを欲しいと言われたとか、である。これらはすべて、西洋人側が現地の人に対して、贈与に相当することを行い、西洋人の観点からは現地の人の方からお返しの贈与があってしかるべき、と思われていたところが、逆に、現地の人の方からさらなる贈与を要求されている。これをどう説明したらよいのだろうか。

とてつもない忘恩のようにも思えるのだが、そうではない。忘恩であれば、わざわざ追加的な贈与を要求したりはしない（単純に無視し、関係を断とうとするはずだ）。次のように解釈すればよい。宣教師によって肺炎を治してもらった男は、当然、宣教師に感謝している。彼は、宣教師との親密な関係を維持したい。とりわけ、彼は、宣教師を自分にとっての「主人」のようなものとして尊敬したいと思っている――そして、そのことは宣教師側にとっても喜ばしいことだと想定している――のではないか。

ここで、主人とは何か、がポイントになる。主人とは、従者に対して、（価値あるものを）与え続ける者である。言い換えれば、従者は、主人に対して、いつまでも消えない負債の感覚をもちたいのだ。彼の方から何かをお返しして、負債を無化してしまえば、宣教師を主人として仰ぎ続けることが不可能になる。彼は、宣教師になおいっそう負債を負い、負債感を維持したいがために、さらなる贈り物を要求したのだ。当然主人たる宣教師が喜んで、何かを贈ってくるだろう、と予期して。

ここで留意したいことは、こうしたケースでは贈与は関係を平等化する方向には働いてはいない、ということである。むしろ、垂直的な関係、主人と従者の関係を構成しようとしている。

＊

もうひとつ、注意しておきたい事実は、マルセル・モースの『贈与論』を重視する研究者たちの間で、「第三の人物の謎」と呼ばれていることがらだ。贈与交換は、当然、二者関係である。贈る者と受け取る(＝お返しする)者が関与している。ところが、儀礼的な贈与交換について語る、原始的な共同体の人々はしばしば、この二者関係に第三の人物を加え、贈与交換が三者関係の中で生じているかのように説明するのだ。

たとえば、マオリ人のインフォーマントが、「タオンガ」と呼ばれる贈与された品物には「ハウ」という霊が宿っていて、それが品物を受け取った者を反対贈与へと向かわせる強い力をもつ、という趣旨について語った言葉を引用したあと、モースは、これにコメントするように書いている。インフォーマントの話は「だいたいきわめて明瞭」だ。しかし「ただ一つのあいまいな箇所をのこす」。その唯一のあいまいな箇所とは「第三者の介入という点である」(Mauss 1924＝1973: 238–9)。

文化人類学者のドミニク・カサジュスやマルク・R・アンスパック等は、この「あいまいな箇所」こそ重要なのではないか、と考えている。アンスパックの解説に依拠しながら、不可解な部分をはっきりさせておこう(Anspach 2002=2012: 52)。マオリ人のインフォーマントの話の骨格は、AがBに贈り物をすると、その贈り物に付着しているハウがBをしてAへとお返しさせる、というものである。とすれば、(贈与の方向を矢印で示すと)次のような二者関係で十分なはずだ。

A ⇅ B

ところが、このインフォーマントは、説明の中で、どういうわけなのか、第三者Cを呼び寄せて、話を複雑化する。つまり、その説明の中で、Aから受け取った物をBは、AにではなくCに返しており、さらにCは別の品物をBに贈り、Bはそれを Aに返しているのである。したがって次のように図示できる。

A ⇅ B ⇅ C

儀礼的な贈与についてのインフォーマントの自己解説の中に、常に第三の人物が加えられていたわけではないが、しかし、それは、決してめずらしいことでもないらしい。この説明に従うと、Aがもらった贈り物は、ほんとうはBにではなく、その向こう側にいるCに由来する、ということになる。この贈与交換に関係する負債は、AとBの間にではなく、AとCとの間にある、と語られるのだ。どうしてこのように話をめんどうなものにしなくてはならなかったのか。不可解だが、これと同じ構造の話を、現代人もしばしば用いている。「サンタクロース」のことを思うとよい。子にクリスマスプレゼントを贈るとき、親は、それを自分たちからの贈り物だとはせず、サンタクロースという(キリスト教にとっては)異教的な人物からのものだ、と子に説明する。

どうして、贈与に関して、第三の人物を呼び入れるかたちの説明が与えられなくてはならないのか。当事者は、自分がやっていることの理由を十分に自覚できているわけではない。贈与への衝動が宿る原因はどこにあるのか、なぜ与えずにはいられないのか、どうして受け取るほかないのか、お返しへの強迫は何に由来するのか、本人たちは十全に自覚できているわけではない。ただ、自分でもよく分からない衝動を言語化しようとしたとき、贈り物の直接の与え手と受け手の二者だけではなく、第三の人物を入れた説明の方が「しっくりくる」。そのように当事者に感じられているのである。どうしてそうなるのかを、われわれは説明しなくてはならない。

贈与の衝動がどうして宿るのか、ということについて、われわれはすでに――中動態についての分析などを手がかりにしつつ――第4章で説明した。贈与へと人を駆り立てるのは、人間の行為が、本来的に他者に依存し、他者に開かれた構造をもっているからだ。ところで、その他者とは、特定の他者ではなく、不定の他者性である。人間の行為は、誰であるとも特定できない他者に依存したものとして――つまり自分自身の制御が及ばぬ「他なるもの」によって促されたり助けられたりしているものとして――経験され、実感されるのだ。この不定の他者への依存性が、特定の他者への贈与（与えずにはいられない）として、あるいは特定の他者からの贈与（受け取らずにはいられない）として現実化することになる。

ここで気づかねばならない。そもそも、不定性こそ、他者の他者たるゆえん、他者の他者性の本質的な要件ではないか。たとえば、エマニュエル・レヴィナスは、〈他者〉は、〈私〉にとって無限の距離だと述べている（Levinas 1961＝2005, 1974＝1999）。無限の距離とは、〈他者〉が、〈私〉にとって原理的に解消できない不定性をもつということと同じ趣旨である。〈私〉に対しては、ひとつの包括的な宇宙が立ち現れていて、その中の諸要素は何ものかとしての意味を帯びて現れ、同定されている。もちろん、中には、未知のものや不確定なものもあるが、それらも、いずれは同定可能なものとして現れている。しかし、〈他者〉は違う。もちろん、〈私〉は、〈他者〉を何者であるかを知り、その〈他者〉の行為について確度の高い予期をもつこともできる。しかし、〈他者〉は、〈私〉がその〈他者〉に関してどんなに多くを知ったとしてもなお、〈私〉の予期を裏切る可能性を残す（と〈私〉には感じられている）。互いに知己と認め合うような親友や恋人でさえも、なお謎がある。〈他者〉はまさに他者である限り、解消不可能な不定性を残しているのだ。言い換えれば、〈私〉は、自分の宇宙の内側から、〈他者〉の「すべて」を把握し尽くすことができない――と感じている。だから、他者としての〈他者〉は、〈私〉からは無限に隔たっている、ということになる。

贈与とは、本質的には、このような意味での〈他者〉との関係である。この関係に、一種の隠喩として、シンプルな代数的な表現を与えてみよう。「他者」は、その都度の関係の中で、何者かとして、つまり「一者」として規定され、特定の意味や役割をもって〈私〉に対して現前する。と同時に、〈他者〉である限りにおいて、そこには、その「一者」には還元できない何かが、「えも言われぬ何か」が残る。したがって、〈他者〉の現れは、言わば、

1＋x　①

という単純な加法のかたちで表現できるのではないか。1は、何者かとして積極的に規定された「他者」の側面だ。重要なのは、「＋x」である。それは、確かにある。つまり無（0）ではない。しかし、もう一つの積極的に規定された同一性（アイデンティティ）には達していない。つまり、

0＜x＜1

となる。

先にレヴィナスに対して述べたことを繰り返せば、xは、〈私〉の認識が及びうる宇宙の果てを超えた遠くの不特定な何か、として感受される。ここから、「第三の人物」、儀礼的な贈与交換を執り行ってきたインフォーマントが呼び込んだ「第三の人物」に関して、次のように推測することができるのではないか。第三の人物とは、このxを、直接に対峙しているこの他者とは別の「もう一人の他者」として実体化して表象したときに得られる像である、と。ほんとうは、xは、〈私〉に贈与している〈他者〉とともにあり、その〈他者〉が発する不気味な印象のようなものである。

それは〈他者〉の謎や秘密のようなものとして感受されるだろう。だが、同時に、〈私〉は、〈他者〉の善意を受け、〈私〉を承認するその意志を十全に理解できているようにも感じている。このとき、〈私〉は、xを、具体的なこの〈他者〉から切り離し、その二人称の他者とは別の、より遠くに存在している(と想定される)第三の人物に投射する(ことがある)。〈私〉は、贈り物を、彼方のその「第三の人物」からの物として受け取ることになる。〈私〉の負債感を、〈私〉に直接与えてくれた他者ではなく、直接には何ももらってはいないその第三の人物に対してもつことになるだろう。

## 9　中心の析出

さて、ここまで準備しておけば、贈与交換の集合からいかにして、中心をもつ再分配システムが生成するのか、その論理の基本的な骨格だけ、一つの仮説として提示することができる。以下は、論理の順序であって、歴史的な過程ではない。

第一段階。贈与交換において、贈り物の与え手は、受け手にとって、その同一性を規定し尽くせない「残余」を帯びた〈他者〉として現れる。その〈他者〉のあり方は、今述べたように、「1＋x」という単純な加法によって表記することができる。贈与者は、何とも規定しがたい影のような分身xをもって、受け手の前に現れる。この分身xは、しばしば、「第三の人物」に、つまり直接対峙し合っている「与え手／受け手」の二者の彼方にいる「外部の他者」の上に投射される。

第二段階。ここで多数の、この種の贈与交換が執り行われ、展開し、ときには連鎖している状態を想像してみよう。どの贈与交換においても、〈他者〉は規定しえない分身を伴って現出し、それらは、それぞれに異なる、多様な「第三の人物」「第三の陣営」、すなわち$x_1$、$x_2$、$x_3$…の上に投射される。ここで、多数の贈与交換と、互いに別々の「第三者」を、贈与が発出する源泉として措定していることになる。それら多数の「第三者」の間には、共通性はない。

$1+x_1$　または　$1+x_2$　または　$1+x_3$　または…　②

第三段階。ここに、ときに独特の弁証法的なひねりが加わりうる。第二段階で措定された「第三者」たち、つまり$x_1$、$x_2$、$x_3$…は、互いに共通の性質をもっているわけではない。それらがすべて、「贈与者の同一性《アイデンティティ》の残余」を回収する「他者」である、という事実を別にすれば、のことである。そうだとすれば、ここから、「残余」一般を代表する〈第三者〉が析出されうるのではないか。この〈第三者〉は、一つひとつの残余である$x_1$、$x_2$、$x_3$…のいずれとも異なっているという意味で、さまざまな残余からの偏差、残余に対するさらなる残余であると見なすことができる。だが同時に、そのことによって、〈第三者〉は、$x_1$、$x_2$、$x_3$…をすべて自らに下属させており、贈与の受け手からは、$x_1$、$x_2$、$x_3$…よりもさらに遡った、贈与の真の源泉として措定されることになるだろう。この贈与の源泉に置かれた〈第三者〉を、大文字でXと表記しよう。②から③への転換が生ずる。

以上の三段階が、『資本論』の価値形態論の諸階梯（単純な価値形態／展開された価値形態／一般的価値形態）に類比的であるということは、ただちに理解できるだろう。いずれにせよ、第三段階に出現する〈第三者X〉こそが、再分配システムの中心である。②から③への転換が生じたとき、再分配システムが成立するのだ。

Ⅰ+X　③

このシステムに巻き込まれているすべての者にとって、Xは、自らへと至る贈与の源泉である。ということは、彼らはすべて、Xに対して、負債を負っているのと同じである。そうであるとすれば、彼らは、Xへと向けて「お返し」をする義務がある（かのように感じている）。Xの方はXの方で、自らが贈与の源泉であること、人々に対して、返しきれないほどの与える者であることを、証明し続けなくてはならない。前節で紹介した、アマゾンやアフリカの狩猟採集民のことを思い起こすとよい。彼らは、「主人」として仰ぐ相手に、贈与を要求した。同じように、Xもまた、贈与することが求められる。Xには、それが可能だ。なぜなら、人々はみな、Xに対する「負債」を自覚しているからだ（それゆえ、人々はXへと「お返し」をするからだ）。こうして生まれる財のフローは、再分配の形式をとる。

この再分配のシステムを媒介しておくと、贈与交換が支配的なシステムから商品交換が支配的なシステムへの転換がいかにして可能だったのかを説明することができる。その説明が次章の課題である。

# 第6章　商品交換と市場経済
## ——そして「軸の時代」の転換

### 1　硬貨の発祥地

世界最初の硬貨は、紀元前六〇〇年頃、西部アナトリアのリュディア王国で造られた。アナトリアは、エーゲ海を挟んだギリシアの対岸の半島である（現トルコ）。つまり、この半島は古代ギリシアの文化圏の一部で、実際、そこにはエフェソスやミレトス等、ギリシア人の植民都市があった（これら植民都市は後に、リュディアに征服された）。

ところで、硬貨とは何か？　現象面を記述するかたちで定義しておけば、次のようになる。硬貨とは、標準化された単位に鋳造された一片の有価金属であり、表面には、権威づけを目的として象徴や記号が刻印されている、と。ここまでの議論、とりわけ第2章で論じたことから明らかなように、硬貨を、貨幣の典型や代表と見なすことはできない。しかし、硬貨を特別視する理由はある。硬貨は、（最初の）対自的な貨幣だからである。対自的な貨幣とは、次のような意味である。

第2章で述べたように、貨幣の本性は、一種の負債である。貨幣は、流通する借用証書である。

それゆえ、貨幣の価値はもっぱら、他者がそれを受け取る――しかもその他者もさらに後続の他者への支払いのためにのみ受け取る――という事実から発生する。したがって、貨幣のまさに貨幣としての価値は、それが物としてもっている価値に対する純粋な過剰であり、物としての価値に対して「それ以上のもの」である。だが、このことは、硬貨以前の貨幣においてはあいまいで、十分に自覚されることはない。貨幣としての価値と物としての価値が渾然一体のものとなってしまうからだ。人が、交換においてそれを受け取るとき、貨幣としての価値ゆえに――すなわちそれを将来受け取ることになる他者の欲望に媒介されて発生する価値ゆえに――そうしているのか、それともそれの物としての価値を自らが直接欲望しているがゆえにそうしているのか、その区別が十分に自覚されることがない。

だが、硬貨が登場したところで断絶が入る。硬貨にはたいてい、そこに含まれているはずの金または銀の重量が刻まれている。が、その硬貨に実際に含まれている金・銀の重量と刻印されている数字とは(必ずしも)合致しない。たいていは、数字は、実際の重量よりも大きい。このとき、硬貨は、実際の重量によってではなく、刻印された数量の価値として扱われ、流通する。これが意味していることは、貨幣使用者たちが、貨幣の貨幣としての価値を、物としての価値から自覚的に分離して、貨幣を扱っている、ということだ。このように、貨幣の貨幣性は、硬貨においてはじめて対自化される。

ここには逆説がある。貨幣が、自らがその上に受肉している物の価値から身を引き離し、自立的な価値を帯びるためには、(一旦)金属という物になる必要があったのである。貨幣は、記号や数量が刻印された金属片（という物）になることではじめて、物の価値から自分自身を真に切り離すことができる。物から分離するために、物（金属片）になる必要があった、というわけだ。この逆説を、ヘーゲルの論理学の、よく知られた三幅対「普遍―特殊―個物」に結びつけて理解したくなる。普遍に対応するのが「貨幣（としての価値）」、特殊に対応するのが「物（としての価値）」である。この二項だけだと、区別は相対的であいまいなものになる。個物に対応する「硬貨」という形態をもつことで、普遍は、特殊からは絶対的に区別されるに至る。

＊

硬貨の歴史的な起原をあらためて見ておこう。最古とされるリュディアの硬貨は、シンプルな丸い琥珀金《エレクトラム》の塊で、記章のようなものが打刻されていたという。最古の硬貨は、一般の宝石細工人が鋳造したものだが、それはすぐに消え、代わって王が設立した鋳造所が硬貨を生産するようになった。つまり、王が硬貨を発行していることになる。ほどなくして、アナトリア半島のギリシア人の植民都市も、自前の硬貨の鋳造するようになった。続いて、硬貨というやり方は、ギリシア本土でも採用された。最も有名な硬貨は、アテネで鋳造されたドラクマ硬貨で、古代ギリシア・ヘレニズム世界で広く流通した。

要するに、硬貨の発祥地は、古代ギリシアの文化圏だった。リュディアの貨幣は、もともと主にギリシア人への支払いに使われていた可能性が高い。硬貨が広く受け入れられ、流通したのはギリシアである。貨幣史の専門家は、紀元前六世紀のギリシアこそは、歴史上最も早く全面的に「貨幣化」された社会だった、と断定している。

すると、人はすぐにこう思うのではないか。またしてもギリシアなのか、と。近代にまで連なっている多くの文化的事象に関して、その起原を追求すると、しばしば古代ギリシアを見出すことになる。すべて…とは言わないが、多くのものがギリシアに発している。近代は、古典古代のギリシアに、自分との近さを、自分に直接に連なっているものを、一種の親しみを感じる。

西洋文明は、古代ギリシアを、キリスト教と並ぶ精神の故郷と見ている。それは、現在の西洋が、ギリシア文化に――それはキリストの誕生よりも五百年以上も遠くまで遡ることができる――、いわば「自分自身」を感じるからである。一般には、そのくらい遠く隔たった古代の文化や文明は、現代のわれわれの目からは大きく異なる「他者」に見えるものだ。たとえば、古代の中国やインドやメソポタミアに遺物や文献から解釈できる、彼らの世界観、哲学、美意識等には、われわれは、自分たちとは何かきわめて異質なもの、たいそう疎遠なものを、つまり強い他者性を感じざるをえない。だが、古代ギリシア文化については、そのような違和感をわれわれは感じない。古代ギリシアの彫像は、現代のわれわれの美意識に自然に訴えかけるものがある。悲劇をはじめとする古代ギリシアの演劇は、現代のわれわれもごく自然に楽しむことができる。そして、古代ギリシアの哲学には、現代に通ずる合理性がある。

現代の西洋の人々にとっては、中世よりも、古代ギリシアを含む古典古代の文化の方が、自分たちに近い。物理的な時間で測った距離は、中世の方がずっと近いはずだが、現代の西洋人は、古代ギリシアの方に精神的にはより親しみと近さを感じているはずだ。古代ギリシアは、中世よりも近代的である、と。この感覚は、現代の日本人にさえも共有されている。もちろん、それは、日本が、明治時代以降、西洋化（≒近代化）したせいだが、現代の日本人にとっては、たとえばギリシア演劇の感性は、それよりもずっと新しい能の感性よりもはるかに「自分自身」の美意識に近い。

どうして古代ギリシアは、かくも「近代的」なのか。その原因は、ギリシア社会が非常に早くから、硬貨の使用によって貨幣化したことにある。このように説明しているのは、古典学者リチャード・シーフォードである（Seaford 2004, 2011: chapter 3）。

古代ギリシアの「近代性」を、最も明白に見てとることができる分野は、哲学であろう。哲学の起原は、アリストテレス以来、イオニア（と南イタリア）のギリシアの植民都市に求めるのが一般的だ。イオニアの哲学者の劈頭に置かれるのはタレスで、すべての存在者がそれからなるような始原的構成要素は「水」であると主張したとされる。宇宙の起原を説明しようとする衝動は、世界のどこの文明にも見られるが、「神がまず天と地を創造した」とか「イザナミ、イザナギの交わりから島々が生まれた」とか、といった神話的な物語と、タレスの説明とでは根本的に違いがある（熊野 2006）。今日の物理学的宇宙論から判断すれば、創世記も古事記もタレスも誤っているとされるだろうが、その「誤り方」が、タレスだけ異なっている。神話の擬人的な物語で納得している人に、近代科学の説明を対置しても、そもそも対話が成り立たないように思えるが、タレスの「水」に対して「いやそうではない素粒子だ」という反論ならば、対話が成立し、もしかして、十分に理を尽くせばタレスを説得することができるのではないかと夢想することすらできる。タレスの説は、神話的な物語ではなく、論理《ロゴス》による説明になっているからだ。タレスが、そしてわずかに遅れてアナクシマンドロス（「水」ではなく「無限なもの《アペイロン》」を始原とする）、アナクシメネス（「水」ではなく「空気」）が、イオニアに登場するわけだが、同時期に、その同じイオニア半島で、最初の硬貨が出現し、流通し始めた。

シーフォードは、硬貨の発明ということは、取引の便宜の問題にとどまらず、精神の基本的な性質そのものの変容と深く結びついていると論じている。今述べたような、哲学史の端緒にあるこうした事実を考慮に入れただけでも、シーフォードの説の妥当性が暗示される。あるいは、別の地域や文明にまで視野を広げたときには、この説はさらに説得力が増してくる。

エーゲ海沿岸部とそれほど変わらない時期に、中国の黄河流域の王国や都市国家で、あるいはインド北部のガンジス川の流域で、やはり硬貨が登場する。インドの貨幣は、同じ重量に削られ、公的な象徴を刻み込まれた銀の棒であった。また、中国の最初の硬貨は、子安貝のかたちに――あるいは刀や円盤、鋤のかたちに――鋳造された青銅であった。特に中国のケースは――鋳貨のかたちの原型となっている子安貝等の本来の使用法から判断して――、硬貨が、第3章で見たような原始貨幣から発生し、変化してきたものであることを示しており興味深い。ここで、とくに注目しておきたいことは、硬貨が登場した頃のこれらの地域は、宗教的・思想的な創造性が爆発的に開花していた時期にあたっていたということだ。それは、ヤスパースのいう「軸の時代」の真っ只中である（Jaspers 1949 = 1964, 見田 2018, Graeber 2011 = 2016: 336–7）。こうした事実は、硬貨の誕生が、大きな精神的な転換の原因であった――とは言わないまでも、そうした転換と連動していることを示唆している。

## 2　対自的な貨幣のための「一方的贈与」

硬貨があって、つまり対自化された貨幣が広く流通するようになって、はじめて商品交換が一般的なものになる。なぜか。第2章で述べたことを確認するとよい。貨幣抜きの商品交換のようなもの――すなわち物々交換――があって、そこから貨幣が発生する、というわけではない。貨幣以前にあるのは、贈与交換である。ところで、貨幣となる物には、前節でも述べたように、その物としての価値と貨幣としての価値があるわけだが、両者の間の区別が十分に自覚されていないときには、その貨幣＝物を使用した交換は、どうしても、贈与交換としての側面を残してしまう。贈与交換ではない純粋な商品交換のためには、貨幣として使用される物の貨幣的な価値が、物としての価値からはっきり区別されていなくてはならない。つまり、硬貨が使用されるようになってはじめて、純粋な商品交換も登場する。

では、硬貨は、いかにして可能だったのか。つまり、硬貨はいかにして発生したのか。ここで問いたいのは、経験的な事実ではなく、その論理的な機序である。これまでの経済の原理の中から、どのようにして硬貨が出現しえたのか。硬貨の出現には必然性があったわけではない。歴史上のすべての人間社会が硬貨をもったわけではない。だが、硬貨の出現には、蓋然性があったことも確かである。

その際、前節で述べたことを考慮に入れる必要がある。硬貨は、精神のシステムのトータルな変容と連動するようにして生まれてきた。硬貨の生成機序の説明は、それゆえ、そうした精神のシステムの変容をも同時に説明するものでなくてはならない。

だが、何を説明すればよいのか。何を説明したら、硬貨の成立を論理的に説明したことになるのか。この点をまずははっきりと特定しておこう。どのような条件が満たされていることが説明できたとき、硬貨の成立を必要かつ十分に説明したことになるのだろうか。第2章で論じたことに立ち返る必要がある。第5章の冒頭で述べたことを再確認し、敷衍しながら、説明すべき目標をあらためてはっきりさせておこう。

貨幣の本質は負債である、と述べてきた。貨幣は、本質的に借用証書である。それは、貨幣の発行者の負債を意味していた。貨幣は本来、貨幣発行者が発行した債券だと見なすことができる。しかし、貨幣が意味している負債には、二律背反があるのだった。一方で、その債券が価値あるものとして(商品の売り手である)他者に受け取られるのは、その他者が、債券が示している負債は(債券の発行者、つまり貨幣の発行者によって)必ず返済されると確信しているからである。他方で、その負債が返済されてしまえば、債券の流通は止まり、貨幣ではなくなってしまう。貨幣が意味している負債は、返済されなくてはならず、かつ返済されてはならない。この二律背反は、カントの「無限判断」によって――「否定判断」ではなく、それと一見よく似ている「無限判断」によって――、表現できるのだった。

この二律背反は、貨幣を条件づける矛盾であり、その創設をめぐる「スキャンダル」のようなものである。貨幣が対自化されるのは――つまり硬貨としての貨幣が出現するのは――、この貨幣の原点になる自己否定的な矛盾が抑圧されたときである。「矛盾の抑圧」という事態は、次のように言い換えることができる。本来は、貨幣は、貨幣発行者の負債を意味している。だが、貨幣を受け取った者たちが、その負債が返済されるだろう、という期待を抱いている間は、それは、貨幣として不安定である。二重の意味で不安定だ。第一に、述べたように、貨幣が貨幣として流通するためには、負債は返されてはならず、第二に、貨幣発行者は、実際に、返済にあてる価値ある物をもっているとは限らない。したがって、貨幣が貨幣として自立し、安定的に流通するためには、二律背反を構成する二つの要件のうち一方が脱落しなくてはならない。すなわち、貨幣を受け取り、使用する者たちが、貨幣において含意されている「負債」が決して返済されないことを自明のこととして受け入れなくてはならない。このことは、それが本来負債であった、ということ自体が忘却され、抑圧されてしまう、ということである。別の観点から言い換えれば、この「抑圧」とは、貨幣の使用者たちが、貨幣の発行者に一方的に贈与している、ということである。貨幣発行者の債務――貨幣使用者に対する返済の義務――が、実質的には、帳消しになっているからである。

貨幣が対自化され、貨幣の貨幣としての価値が自立すること――したがって硬貨という形態を貨幣が得ること――は、貨幣の使用者からその発行者への一方的贈与が実現していることを意味している(岩井克人が、「対自的貨幣」の成立の問題としてではなく、貨幣一般の成立条件として、この点を指摘している(岩井 1985))。貨幣の対自化は、貨幣の本性の否認を伴っていることになる。本来だったら貨幣発行者の方にこそ返済の義務があるのに、逆に、貨幣使用者の方が発行者へと贈与したことになっており、前者の負債は否認されているからだ。とするならば、この対自化は、この語によって通常意味されていることの真っ向からの否定でもあり、まったく逆説的な対自化だということになる。対自化されることでかえって、自分自身の本来の姿が見えなくなっているからだ。

いずれにせよ、硬貨がいかにして可能かという問いに答えることは、ここで述べてきたような一方的贈与が——誰にもそれとして意識されることなく——いかにして実現されうるのか、ということを説明することである。

## 3　硬貨の発生機序

さて、説明すべきことが何であるか、その目標が定まった。何を結論として導き出せばよいかがはっきりしたのだ。この結論にならば、われわれは、前章で獲得した論理を延長させていくことで、到達することができる。前章で、われわれは、ひとつの中心をもった再分配システムがいかにして生まれるのかについて説明した。この説明で援用されていた論理を、さらに徹底して活用すると、何が結果として導かれるだろうか。

前章の最後に、われわれは次のような変換式に到達したのだった。

贈与のネットワーク（$1+x_1$ または $1+x_2$ または $1+x_3$ または…）　→　$1+X$

ここで、1は、明確なアイデンティティをもつ具体的な他者であり、Xこそは、再分配システムの中心にいる〈第三者〉であった。Xはどのようにして生成してきたのかは、右記の式の左辺に現されているのだが、再確認しておこう。Xをその論理的な源泉にまで遡れば、それは、不定の〈他者 $x_n$〉である。一般に、贈与の相手となる「他者1」は、その向こう側に、不定の〈他者 $x_n$〉を伴っているかのように現れる$(1+x_n)$。人は皆、その不定の〈他者 $x_n$〉に対して、先験的に負債を負っているかのような感覚をもっているのだった。その不定の〈他者 $x_n$〉たちの総体を代表しているのが、〈第三者X〉であった。したがって、人は、自分が、その〈第三者X〉に対して最初から——先験的に——負債をもつ、と感じざるをえない。

だからこそ、〈第三者X〉は、人々がそこへと贈与する中心として機能するのだった。その贈与とは、先験的な負債に対する返済であり、一種の反対贈与である。ところで、その〈第三者X〉は、まずは、具体的な身体をもって現れる。〈第三者X〉の位置は、王や皇帝によって占められる。王・皇帝は、配下の従属者たちに対して、彼らが「王・皇帝への負債」を負っているという事実を、不断に想い起こさせなくてはならない。それは、具体的には、王・皇帝が、従属者たちに対して継続的に贈与し続けることによってしか果たされない。たとえば、中国の皇帝の「回賜」のような形態で、従属者たちが彼に貢いだものを上回る量を反対贈与すること(だけ)が、従属者たちに、王や皇帝に対して負債があることの証明になる。だから、〈第三者X〉は、再分配の中心になるのだった。このように、〈第三者X〉の位置にいる王や皇帝は、与えられる以上に与えなくてはならないからだ。

だが、〈第三者X〉の位置を具体的な身体（王・皇帝）が占めること自体が、厳密には、〈第三者X〉に対する裏切りである。なぜか？　ここで〈第三者X〉と呼んでいるものは——あるいはその原初形態であるところの小文字の $x_n$ は——、「他者」を何者かとして具体的に同定・限定したことに対する余剰だからだ。それは、何者としても指し示すことができない「えも言われぬ何か」であり、明確な同一性をもって立ち現れている者との対比において常に「それ以上の何か」である。そうであるとすれば、〈第三者X〉が、王として、あるいは皇帝として君臨することは、〈第三者X〉の本性に対する裏切りを含意していると言わざるをえない。

すると、どうなるのか。〈第三者X〉は、王や皇帝のような具体的な身体としては特定されない抽象的な審級として自立するほかなくなるはずだ。数学的な比喩で説明してみよう。Xは、どの特定の自然数とも同一視できない——その意味では任意の自然数である——としよう。〈第三者X〉の位置を王や皇帝といった具体的な身体が占めるということは、いずれか特定の自然数によって、「任意の自然数」を代表させるようなものである。だが、どのような大きな自然数をもってきても、それは、自然数の全般を代表したり、包摂したりすることは不可能だ。どの自然数に対しても、必ず、「後続＋1」が存在するからだ。100に対しては101、101に対しては102、…1000に対しては1001…といった具合に、である。どんな特定の自然数も、「任意の自然数」の代表ではありえないように、王や皇帝は、〈第三者X〉を十分には代表できない。ここで、あるタイプの無限集合を、つまり「自然数の集合」をもってきたらどうか。〈第三者X〉を抽象的な審級として自立させるとは、「自然数の集合」なる無限〈集合〉を導入することに類比させることができる。自然数の集合という実体は、個々の自然数、有限な自然数と同一視できないという意味で、それらに対して一段高い抽象度をもつ。

このようにして、再分配システムの中心にあった〈第三者X〉は抽象的な審級へと、その性質を変容させる(可能性がある)だろう。その場合でも、王や皇帝など具体的な身体をもつ支配者が残る場合もあるが、今や、それらは、抽象的な〈第三者X〉を不完全に代理しているに過ぎない。いずれにせよ、〈第三者X〉が抽象化したときには、「再分配」の機構にも質的な転換が生じていると、推論することができる。どのような転換か。

＊

王や皇帝は、彼らに税を納め、貢物をもってくる者たちに対して、不断に反対贈与を行う必要がある、と述べた。王・皇帝が、現実の反対贈与によって、従属者たちに報いなくてはならないのは、王・皇帝自身が、具体的で経験的な身体だからだ。「〈第三者X〉が、抽象的な審級として自立すること」は、「現実的で経験的な反対贈与を通じて証明しなくても、人々が、〈第三者X〉に対して先験的な負債感をもっていることを受け入れている状態」と完全に同値である。つまり、主人(王・皇帝)からの現実的な贈与がなくても人々が最初からその主人に負債の感覚をもつようになったとき、はじめて、主人は、経験的な身体をもたずに――抽象的なものとして――それらの人々を自らに従属させることができる。

このとき、人は、その主人に、つまり抽象化された〈第三者X〉に、一方的に贈与することになる。その贈与は、先験的な負債に対する反応である。一方的な贈与とは、実質的には、どのような行動を指すのか。それについては、前節で述べておいた。〈第三者X〉が発行する債券（借用証書）を、ありがたがって貨幣として使用し始めるのだ。人々は、その債券が含意している返済を一切求めることはないので、この行動は、人々の〈第三者X〉への純粋な一方的贈与になる。これこそ、対自化された貨幣——すなわち硬貨——が成立している状況である。

以上の論理は、第2章に記しておいた疑問に対する回答にもなっている。疑問は次のようなものであった。Xが発行した借用証書（債券）が貨幣として機能できるのは、つまり貨幣が社会的に一般化し、尽きることのない支払いの連鎖が構成されるのは、もちろん、人が商品の代わりに、その借用証書を受け取るからだ。では、どうして、その人は、その借用証書を受け取るのかと言えば、彼に後続する他者が、それを受け入れるからである。同じことは、その後続の他者にも言えるので、結局、Xが発行した借用証書を貨幣として受け取る、無限の他者たちの系列が存在しなければならない。そのような他者たちの系列が将来待っている、という信頼を、人はどうしてもつことができるのか。これが第2章に記した（二つの）疑問（のうちの一つ）であった。

この疑問に対する回答は、こうである。貨幣発行者Xの負債は、すべての人のXへの負債として逆転して現れるからだ、と。だから人はみな——そうと自覚することなく——Xからの借りを返さなくてはならない。ここで「返す」ということは、結局、貨幣が本来意味していたところの（Xの）負債に対する返済を要求せず、その貨幣をまさに貨幣として使用すること、（商品への対価として）貨幣による支払いを受け取ることにほかならない。こうして、人は、貨幣を受け取る無限の他者の系列が将来待ち受けているという信頼を前提に行動することができるようになる。

第1章で提起した問いが二つあった。贈与が支配的な交換様式であった経済システムから、商品交換が支配的な経済システムへの移行は、どのように果たされるのか。そもそも、人はなぜ贈与するのか。後者の問いに対しては、第4章がその答えになっている。今や、前者の問いにも答えが与えられたといってよい。先に述べたように、対自化された貨幣としての硬貨が広く流通することによって、ひとつの社会システムの中で商品交換が一般化する。今、われわれは、硬貨が生成される論理的な機序を説明してきた。それは、同時に、商品交換が支配的な交換様式となるメカニズムの説明でもある。

*

マルクスは、商品交換は、共同体と共同体の間で発生した、と述べている(Marx 1867＝2000)。このテーゼとの関係を説明しておこう。

再分配システムの中心たる〈第三者X〉が、王や皇帝のような具体的な身体から抽象的な身体へと転換する、と述べてきた。この転換は、しかし、個人の「心の中」で自然に生じるドラマではない。転換には、現実的・客観的な原因があるのだ。それは何か。

貨幣が流通する根拠が、つまり貨幣が受け取られるときの信頼の担保が、首長や王や皇帝にある限りは、その貨幣は、共同体の内部でしか通用しない。王などの具体的な主人の権力の作用が及びうる範囲が、つまり王たちが支配する共同体が、貨幣の流通の限界である。

では、交換が、共同体の範囲を超えたときには何が生ずるのか。つまり、共同体と共同体の間で交換がなされたときには、何が起きているのか。そうした交換を媒介している貨幣は、いずれかの共同体を支配している首長や王や皇帝への信頼を担保にしてはいない。その貨幣にとっては、首長・王・皇帝という参照点は桎梏でしかない。言い換えれば、共同体と共同体の間で交換がなされているとき、そこで用いられる貨幣は、王などの身体において具体化されている参照点を否定していることになる。この交換において貨幣が使用されているとすれば、それに信頼を備給している担保は、王などの具体的な身体の否定を通じて存立する抽象的な審級である。貨幣（硬貨）には、たとえば王の肖像などが刻印されているかもしれないが、その貨幣に価値を与えているのは——貨幣が共同体の範囲を越境して使用されているときには——、もはやその王ではない。王の身体の具体性を否定することにおいて措定される抽象的な審級である。

要するに、〈第三者X〉の位置を占める身体の抽象化は、交換が、共同体と共同体の間でなされるほどにその範囲を拡大させたことの結果である。その意味で、商品交換は、共同体と共同体の間で発生するというマルクスの認定は、ここでわれわれが展開している理論と整合する。〈第三者X〉の抽象化は、個人の内面で生ずる現象ではなく、社会的な現象——社会関係の変化（交換関係の拡大）の効果——である。

## 4　鉄の串から

対自的な貨幣としての硬貨がどのような機序によって生成してきたのか。前節では、この問いに対して、ひとつの理論的な仮説を提起してきた。もしこれが妥当な仮説だったとすれば、経験的な事実を首尾よく説明できなくてはならない。最初の硬貨が誕生した古代ギリシアを事例として、この点をごく簡単に確認してみよう。

ヘーゲルは『精神現象学』の中で、「芸術宗教」というタイトルのもとで、古代ギリシアの宗教について論じている(Hegel 1807＝2018)。芸術宗教は、ヘーゲルの体系の中では、「自然的宗教」と「啓示宗教(一神教)」とを繋ぐ媒介としての位置を与えられている。芸術宗教とされるギリシアの祝祭宗教を、さらにヘーゲルはさらに三つの段階に区分する。「抽象的な芸術作品」「生きた芸術作品」そして「精神的芸術作品」である。この三区分の中の中間にある「生きた芸術作品」は、主としてオリンピアの祭典を念頭においたもので、この前後の二つの段階に比べて、ヘーゲルは多くの言葉を費やしてはいない。それゆえ、ギリシアの祝祭宗教は、大きくは「抽象的な芸術作品」と「精神的芸術作品」の二つの段階で構成されていることになる。とりあえず、「硬貨」の出現という歴史的事実との対応をごく大まかにつけておけば、「抽象的な芸術作品」が硬貨出現の前の段階、「精神的芸術作品(の頂点)」が硬貨の出現以降の段階と見なすことができる。

「抽象的な芸術作品」としてヘーゲルが具体的に念頭においていることは、主として、共同行為としての供犠である。供犠とは、人々が自己の所有物を神に捧げ、そうして集まった供物を皆で分け合い、食することである。ヘーゲルの考えでは、古代ギリシアの初期の芸術宗教は、その中心に供犠の実践を置いている。

人間は自己の所有物の一部を神に犠牲として捧げる。それは、自己の労働の所産である収穫物は、ほんとうは神から恵まれたもの、神の贈与物だと解釈されているからである。つまり、人は、神に対して先験的に負債があると感じている。犠牲を捧げる行為は、収穫を神へと差し戻すこと——つまり神へのお返しである。犠牲として供されたものは、神自身の肉となる。したがって——ヘーゲルが述べているように——、供犠における祝宴は、神が自らの身体を人間に食べさせる行為でもある。

供犠についてのこうした記述から明らかであろう。供犠とは、「神」を中心においた再分配の構成をとっている、と。これは、前章で、カーストの供犠のシステムと再分配のシステムとの論理的なつながりを説明する中で見てきたことの再確認である。ともあれ、もう一度、古代ギリシアの観念を繰り返せば、日常の収穫や飲食が、すでに神からの贈与であり、供犠での捧げ物は、こうした最初からある(神への)借りに対する返済である。だが、その返済の行為そのものの中で、神の身体が人間に与えられ、人間は、自らが神の恵みに依存していることを想起することになる。神前での共同の食事は、人間の日常の生活それ自体がすでにそうであるような神との再分配の関係を、明示的に反復するものである。

古代ギリシアのポリスでは、頻繁に、大型動物を神に捧げる、この種の供犠が執り行われた。述べてきたように、祝宴では、動物の肉が焼かれ、一部は神々(と祭司)の取り分となるわけだが、残りの部分については、祝宴に参加している者すべてに、等分に与えられた。この肉の分配に与かることは、その人物が、ポリスの平等な市民の一人であることの証であるとされていた。この供犠がいつからあったのかは分からないが、非常に古いことはまちがいない（ホメロスの叙事詩にもすでにこうした祭儀の記述がある）。

シーフォードは、この供犠と硬貨との強い関係を示唆するきわめて興味深い事実を指摘している（Seaford 2011）。祝宴では、焼かれた上で等分された肉は、鉄の串に刺された。この串が、貨幣として使われていたという。シーフォードによれば、この鉄の串こそ、硬貨の一歩手前である。貨幣として用いられた鉄の串が、硬貨にとって代わられるわけだが、そのことは、これが、硬貨の直接の進化的な源泉であることを意味している。

鉄の串は耐久性があり、またほぼ標準化されており、確かに貨幣として使用するのに都合のよい性質がある。しかし、これだけならば、どうして、捧げ物の肉を刺した串でなければならなかったのかは、説明できない。決定的なことは、串が、捧げられた動物の肉の代理物と見なされていたという事実である。串は、いわば、神から与えられた肉、神の身体の一部であった肉と同一視されていたのだ。本来は、その肉そのものが貨幣であるべきだが、すぐに腐ってしまう肉は、貨幣としての使用には不向きだ。だから、串が使われているわけだが、その串は、神に捧げられると同時に神から与えられている肉と見なされていたのだ。

そうだとすると、この事実、つまりこの鉄の串が硬貨に直結していたという事実は、前節で提起した仮説を裏書きするものである。前節で、われわれは、硬貨は、再分配の中心となる〈第三者Ｘ〉――このギリシアのケースでは供犠が差し向けられている神――からの贈与物にこそ由来しているのではないか、と述べておいた。〈第三者Ｘ〉に対して人が先験的な負債を負っているということを示す、その〈第三者X〉からの贈与物こそが、硬貨へと転化するのだ、と。鉄の串（神の肉）が硬貨へと進化したのだとすれば、それは、この仮説の筋書き通りではないか。

## 5　哲学の原点

ここで、第1節で述べたことを思い起こそう。対自的な貨幣としての硬貨の誕生は、孤立した出来事ではなく、人間の精神の大きな転換と連動していたのではないか。そのように述べてきた。古代ギリシアの突出した「近代性」が、このことを最もよく示している。硬貨が普及し、広く使われるようになったまさにちょうどそのとき、つまり紀元前六世紀のギリシアのポリスで、哲学が誕生し、民主主義が成立し、そして演劇（悲劇）が生まれた。それらはすべて、現在のわれわれがとりたてて「古典」として身構えずに接しても通用するほどの、近代性を備えていた。これらが、たまたま硬貨と同時代的であっただけではなく、内的に硬貨と結びついている。このように主張しているのは、シーフォードである。だが、硬貨（対自的な貨幣）と、これらの現象は、どのような意味で内的に結びついているのか。シーフォードの議論（Seaford 2004）を参照しながら――それに若干の修正を加えながら――、この点を説明しよう。

古代ギリシアの近代性を最も顕著に見てとることができる分野は、先にも述べたように、哲学である。イオニアの自然哲学者たちが現れた時期と、最初の硬貨が出現した時期とはほぼ合致するのだった。イオニア学派に数えられる哲学者は、タレスに始まり、アナクシマンドロス、アナクシメネス、ヘラクレイトス等で、彼らは、世界の諸事物のすべてを「それ」に還元できるような、始原的な実体が何であるかを探究した。始原的な実体は、タレスにとっては「水」であり、アナクシマンドロスにとっては「無限定なもの」であり、アナクシメネスにとっては「空気」、そしてヘラクレイトスにとっては「火」であった。

このような知と、それ以前からあった——あるいは世界中のどの古代文化にも見られる——神話とはどう違うのか。例えばギリシア神話を紐解けば、宇宙は全体として、神々の王であるゼウスによって支配された王国である。これは、人間の社会の関係性をそのまま、宇宙全体に隠喩的に拡張しているだけだ。同じことは、日本の古事記の神話にも言えるし、創世記の冒頭にある天地創造の話も、この点では、基本的には変わらない。しかし、タレスが「水」と言ったときには、違う。水が始原的な要素であると言っても、すべての物が実際に水のように見えているわけではない。物質としての見え姿としては多様な物のすべてを貫いている抽象的で非人称的な原理として「水」があるのだ。

シーフォードによれば、世界のこのような捉え方は、実際には多様で、含有物も重さも一定しない硬貨を、貨幣価値においては同一であると見なす態度が確立したことによって、もたらされたものである。このように一方的な因果関係があったかについては疑問が残るが、いずれにせよ、硬貨において、金属の物としての価値とは独立に、感覚には還元できない貨幣としての価値を見る態度と、物質の感覚的な多様性を超えた抽象的な元素として「水」を見出す認識とは、共通の構造をもっていることは確かであろう。硬貨が流通しているような世界でなければ、イオニアの自然哲学者が現れ、人々に一定の影響を与えることもなかっただろう。

もっとも、哲学と貨幣との関連を捉えるには、シーフォードが目をつけている現象は狭すぎる。彼は、硬貨において、感覚的で具体的な物としての価値と超感覚的で抽象的な貨幣としての価値が分離している点に着眼したわけだが、その硬貨を通じて、交換がなされていることを考慮すると、同じ区分は、交換対象となる物の一般へと広がっていることになる。すなわち、市場に登場してくるすべての物(商品)が、その抽象的な貨幣価値と同一視されることである。まず、硬貨において、硬貨そのものの具体的な物質性から切り離された抽象的な水準に貨幣価値が設定される。その抽象的な貨幣価値に、市場に登場する任意の物が関係づけられるのだ。つまり任意の物が、感覚的に与えられた具体性の水準とは異なる、抽象的な価値をもつことになる。この抽象的な貨幣価値と同じような存在論的身分をもつ実体を、宇宙そのものの中に見つけ出すこと。それが、古代ギリシアの哲学者たちの課題だった、と言えるのではあるまいか。

ここで起きていることは、贈与交換(原始貨幣によって媒介される)から商品交換(硬貨(以降の貨幣)によって媒介される)への転化と関連している。どの時代、どの段階の経済にも、これら二種類の交換様式は混在しているが、おそらく、硬貨が普及したとき、商品交換の優位が十全なものになったのではあるまいか。前節で見た「鉄の串」は、原始貨幣としての側面を濃厚に残していたと考えられる。第3章で述べたように、贈与交換において真にやりとりされているのは、人の社会的なアイデンティティであり、原始貨幣は、そうしたアイデンティティと結びついた事物が使用される。ポリスの成熟した市民であることの証明でもあった鉄の串は、その意味では、原始貨幣の性質をまだ帯びている。

　硬貨の導入に随伴する知の変化の要点が、以上に述べてきたことにあるとすると、初期の哲学者の中で最も興味深いのはピタゴラスであろう。ピタゴラスが生まれたのは、タレスよりも少し後だが、ほぼ同時代人だと言ってかまわない(ピタゴラスが誕生したときタレスはまだ存命)。ピタゴラスが作った教団は南イタリアのクロトン(やはりギリシアの植民都市の一つ)にあったが、彼の故郷はサモス島で、イオニアの——ということは硬貨の発祥地の——すぐ近くである。タレスの「水」の位置に、ピタゴラスが代入したのは「数」である。万物の根源としての「水」には、まだ、感覚可能なものの残滓があるが、「数」は、完全に抽象的で、感覚によってはまったく捉えられない。「万物は数である」というテーゼは、荒唐無稽なものに思われるかもしれないが(もっとも、現代の物理学者は、物理現象はすべて数学によって記述できると考えているので、そのことを思えば、これこそ、デカルト以降の近代的なドグマとも言えるが)、ここで「数」とは、物と物との関係(つまり比)のことである。ピタゴラスのテーゼは、だから、感覚で捉えうる物よりも、(物と物との)関係の方が基礎的だという主張であり、こう解すれば、十分に合理性がある。数としての関係が、まさにそのものとして現れるのは、硬貨を媒介にした商品交換の場面にほかなるまい。

　硬貨の誕生とともに点火した知の爆発が、最終的にはどこに向かうか。その完成形と見なすべきものは、イオニア学派よりもさらに二世紀ほど後の哲学に認めることができる。その哲学とは、哲学史上、最大の出来事(のひとつ)と言ってまちがいない。プラトンのイデア論だ。「西洋のすべての哲学はプラトン哲学への脚注に過ぎない」というのは、ホワイトヘッドの『過程と実在』におけるあまりにも有名な一節だが、こうした大袈裟な表現に真実が含まれていると思わせるくらいには、プラトンのイデア論のインパクトは大きかった(Whitehead 1929＝1984–85)。イデアとは、人間の経験において多様なものとして現れる具体的な事物を貫いている、抽象的な本質である。あの人も、この人もみな人間であるのは、どちらも「人間」という不可視のイデアを分有しているからだ。同じように、市場で取引しながら、人は、多様な商品を、抽象的な貨幣価値において同一であると見なす。このとき、人は、イデア論的に、商品たちの世界を見ているのである。

## 6 民主政と悲劇

古代ギリシアの政治制度の転換も、硬貨の普及と連動している。アテネの民主政の発展にとって決定的とされている年は、紀元前五〇八／五〇七年である。このとき、二つの重要な制度が導入された。一つは、五百人議会である。これは、十個の部族からそれぞれ五十人ずつ抽選で選ばれた任期一年の評議員で構成された執行機関である。ここで部族というのは、血縁的な集団ではなく、「デモス」と呼ばれる地縁的な行政単位をまとめたものを指す。新設されたもう一つの制度は、陶片追放である。僭主の出現を防ぐための制度だ。これによって、アテネ市民は、僭主になる恐れがある人物を、陶片を用いた秘密投票によって、ポリスから追放することができるようになった。これらの制度が開始されたのは、最初の硬貨が造られてからしばらく後(半世紀弱ほど後)のことである。

硬貨の使用が、無意識のうちに、民主政の基盤となりうるエートスを養ったと考えられる。貨幣――商品交換に使用しうる硬貨としての貨幣――は、唯一の非常に浸透性の高い交換手段として人々を結びつける。つまり、商品交換がなされる市場では、貨幣によってのみ人々は結びつき、個人の他の属性はどうでもよいものとなる。その限りで、貨幣は人々を平等化する。貨幣は、個人を、親族関係からも、パトロン的な保護関係からも解放するからだ。要するに、貨幣は、広義の互酬的な贈与に基づく依存関係の一般から人を解放することで、平等化する。硬貨としての貨幣のこうした効果を説明する中で、シーフォードは、マルクスも引用しているフランスの格言「貨幣は主人を持たない L'argent n'a pas de maître」を引用している。

このように、古代ギリシアの、いささか近代を先取りしているように見える政治制度もまた、硬貨の普及と深く結びついた現象として解釈することができる。

＊

貨幣(硬貨)との関係でよりいっそう興味深いのは、ギリシアの演劇、とりわけ「悲劇」である。第4節で、『精神現象学』でのヘーゲルの議論を紹介した。古代ギリシアの芸術宗教は、供犠を中心とした祝祭的なものから――躍動する身体を通じて神と人間の栄光を讃える「生きた芸術作品」(オリンピアの祭典)を経由して――精神的芸術作品へと至る、というのがヘーゲルの議論である。精神的芸術作品としてヘーゲルが主に念頭においているのは、神々の世界を描くギリシアの古典文芸だ。その古典文芸の頂点にあるのが、「悲劇」である。古典文芸としては、悲劇の前には叙事詩があった。叙事詩の時代、つまりホメロスの『イリアス』や『オデュッセイア』の時代は、硬貨の出現よりも二世紀ほど前にあたる。硬貨と同時代的なのは悲劇だ。

アテネの悲劇は、歴史上最初の洗練された戯曲である。六世紀の終わり頃、アテネの祭儀(ディオニシア祭)のプログラムに正式に加えられたらしい。シーフォードは、おそらく、新しい民主政の影響だっただろう、と推測している(先ほど述べた民主政への改革とほぼ同時期である)。ギリシア悲劇の素材になっている神話自体は、貨幣(硬貨)の導入よりもはるかに前からあったものである。アイスキュロスやソフォクレス、エウリピデスは、それを、洗練された悲劇に変えた。なぜ、この時期、すぐれた悲劇が次々と創られたのか(以下Seaford 2004に基づく)。

悲劇が焦点を合わせているのは、個人の孤立である。神々からも、また親族関係からも切り離された個人。そのような個人が悲劇に見舞われる。かくも孤立した個人は、以前の文学にはなかった。同じギリシアであっても、ホメロスの文学には、神々や親族から切り離された個人は登場しない。孤立した個人は貨幣がもたらした……とシーフォードは論ずる。貨幣を持っていれば、原理的には、他の社会関係が必要なくなるからだ。血縁関係に頼る必要もなければ、互酬的な関係や報恩の関係に依存する必要もない。貨幣は、個人の孤立化を推進する触媒である。こうした社会変動に規定されて、悲劇が時代精神を反映する。

悲劇的な個人の極端化した形象が、「僭主 tyrannos」である。貨幣は、一旦は人を平等にする。だが、同時に、貨幣によって、無限に権力を蓄積することも可能になる。その結果、生まれるのが、共同体の規範や掟をないがしろにした権力者としての僭主である。僭主の人生には、お決まりのパターンがある。彼は、自分の血縁者を殺し、聖なるものを侵し、そして権力の手段としての貨幣に深い関心を寄せる。そして最後に破滅に至る。シーフォードは、「英雄」という語と「僭主」という語を対比している。ホメロスの叙事詩は、「英雄」のことを描いている。その「英雄」という語は、アテネの悲劇ではほとんど登場しない。代わりに頻度が増すのが、「僭主」である。英雄は、貨幣経済の外部にいる形象である。それに対して、僭主は、貨幣経済に全面的に規定された形象だ。

ここまではシーフォードが論じていることだが、ヘーゲルが悲劇について述べていることを加えると、ことの次第がより鮮明になる。個人が悲劇を生きることになるのは、個人が、血縁関係や互酬的関係から解放されてもなお、「運命」という不可視の抽象的な原理の支配から逃れられないからだ。ヘーゲルの議論は、この「運命」なるものが悲劇の中にいかにして組み込まれたのか、ということに関連している。このことは、悲劇を叙事詩に対照させることを通じて明らかになる。

叙事詩は、神々と英雄たちの物語である。この物語世界は、詩人(歌人)の吟唱によって現出する。ここで、この章の第1節で言及した「普遍(神々)―特殊(英雄)―個物(詩人)」というヘーゲル的な三幅対が援用されているのだが、ポイントは、叙事詩においては、語る詩人が、語られている「神々と英雄の葛藤」に外在しているということだ。叙事詩では、有限な人間に過ぎない英雄は、神々の気まぐれに弄ばれたりするわけだが、しかし、ここにはまだ「運命」はない。両者の葛藤を規定する必然性はあるかもしれないが、運命はここには存在しない。どうして、そのように判断されるのか。

悲劇と叙事詩の違いは、詩人のポジションである。悲劇では、語る詩人は、物語の外部にいるわけではない。悲劇においては、詩人は、物語の内容に参加する。つまり詩人は、ドラマを演じる役者となる。このとき、「運命」がはじめて立ち現れる。運命は、人間の主体的な行動をこその動因としているからだ。人間(語る者)の主体性が、物語の外にあるときには、展開の必然性はあっても、運命なるものは存在しない。運命は、自己意識をもつ個人の行為によって創られたものなのに、その個人の意図には服さず、個人は逆に、運命によって与えられた役割をただ引き受けるしかなくなる。悲劇は、個人の主体的な行為の産物である運命が指定する役割に対して、個人はただ「引き受ける」という消極的な仕方でしか運命と和解できないということから生じている。

ヘーゲルが抽出しているこうした悲劇のあり方と貨幣とどう関係しているというのか。悲劇における運命の存立の仕方と貨幣の存立の仕方を比較してみるとよい。両者の構造は同型的である。貨幣が貨幣であるためには、われわれがそれを主体的に使用しなくてはならない。しかし、にもかかわらず、貨幣はわれわれの意図に服するわけではなく、むしろわれわれは「貨幣に支配されている」と見なすほかない状況に置かれている。最も突出した個人、つまり僭主でさえも、貨幣の力によってその政治力を得ているにもかかわらず、結局、貨幣に翻弄され、滅びていく。「運命」と「貨幣」は、同じ機制を通じて個人を支配しているのだ。

古代ギリシアの精神的な芸術作品は、神々の世界を描く文芸だが、ヘーゲルが述べていることを要約すれば、次のようになるだろう。叙事詩においては、詩人は神々を謳う。悲劇においては、詩人は、神々が定めた運命の中で自分に与えられている役割を引き受けるほかないという意味で、神々を演じる。神々を演じる役者だということは、神々(が与えた役割)を表象する、ということである。悲劇においては、神々との間に――運命を媒介にして――表象の関係が成り立っている。同じように、市場においては、個々の商品は、貨幣的な価値を表象している。

## 7　そして喜劇

貨幣、とりわけ対自化された貨幣としての硬貨の社会的効果について見てきた。そこで起きたことを一つの概念に要約するならば、「抽象化」ということになるだろう。一般には、抽象化は、主観的な操作であると考えられている。「現実には具体的で多様なことを抽象化して捉える」などといった具合である。だが、古代ギリシアを参照点とした以上の考察が示していることは、主観的な抽象化が生じるためには、言わば、客観的な抽象化とでも呼ぶべきことが、つまり客観的な事態そのものに即した抽象化が生じていなければならない、ということだ。

世界を、見えない「始原的要素」とか、「イデア」とかといった抽象的なもので捉える哲学が、一方にはある。こちらにだけ注目していると、それは、精神の主観的なドラマの産物にしか見えない。しかし、このような主観的な世界把握が説得力をもつのは、客観的な社会過程そのものにおいて、言わば行為事実的に、抽象化の作用が進んでいなくてはならない。その作用が、この場合には、貨幣(硬貨)を用いた商品交換にあたる。交易において、人は、何か抽象的なことについて意識するわけではない。しかし、彼らの行為は、物の具体的な多様性を超える抽象的な次元(貨幣で測られる価値)の水準が実在的であることを前提にしてしか意味をもちえない。この意味で、社会過程が客観的に抽象化の操作を遂行しているのである。

＊

ところで、ギリシアの古典文芸を「悲劇」まで追ってきたわけだが、「悲劇」のあとに「喜劇」が登場する。古典文芸の頂点は悲劇であるが、その後、そこからオーバーランするかのように喜劇が現れる。アテネのディオニシア祭の公式プログラムに「喜劇」が入るのは、悲劇よりも後のことである。シーフォードによれば、喜劇もまた、古代ギリシアのポリスに、当時として突出して貨幣が浸透していたという事実と関係している(Seaford 2004, 2011)。ただし、喜劇においては、貨幣との関係にはっきりとした屈折が入っていることに注目すべきだろう。喜劇は、貨幣に対してポジティヴに対応しているわけではない。喜劇においては、貨幣は、批判と嘲笑の対象である。たとえば、アリストファネスの『福の神』。紀元前三八八年のこの喜劇は、シーフォードに言わせれば、今日まで残っている最古の経済学のテクストである。この戯曲の中に、次のような趣旨の対話がある。十分なセックスとか、十分なパンとか、十分な音楽とか、十分なデザートとか、十分な名誉とか、十分なケーキとかをもつことはできる。しかし、貨幣だけは違う。十三タレントを得れば、十六タレントが欲しくなる。十六タレントを得れば、少なくとも四十タレントがなければ人生は耐え難いと思えてくる。貨幣に関してだけは、「ここで満足」という有限の水準を定めることができない。……ここには、貨幣と相関した欲望のあり方は、根本的に歪んだものがあり、人間の自然の本性から逸脱しているという直観がある。貨幣とともにある欲望は、むしろ滑稽にさえ見える、というわけだ。

ヘーゲルの芸術宗教の理論の中では、喜劇はどのように位置づけられているのか。叙事詩においては、人間（詩人）は、外にいる傍観者として、神々を謳う。英雄（人間）といえども、神々より弱いことが謳われる。悲劇においては、人間は、神々を演じることで、神々を表象する。神が定めた運命を人間は主体的に引き受けるしかない。では喜劇はどうなのか。

ギリシアの演劇では、一般に、役者は仮面を付けている。仮面は、（神々を）表象するためにある。ところが、喜劇には必ず、仮面が落ちて、役者の素顔がさらけ出される場面が入る。劇中の役割と生身の役者が一体になっているのだ。ということは、どういうことなのか。神を演じていたと思っていた役者が、「実は神は私です」と言っているようなものである。神を表象しているかに見えていた役者（人間）が、表象という機能を放棄し、神は私だったと告白しているのだ。人間が、尊大にも神格化されているわけではない。逆である。神が人間のレベルまで貶められているのである。ここに、実は、「キリスト」の遥かな予兆がある。

ともあれ、貨幣との関連では、こう言えるだろう。もともと、貨幣の存在論的な身分は、神々と――神々が定めた運命と――同じ超越的な水準にあった。喜劇は、この超越性を侵そうとしている。

## 8 商品たちの物神崇拝《フェティシズム》

古代ギリシア社会を対象にして、対自的な貨幣としての硬貨がいかにして可能になったのか、そして硬貨としての貨幣の普及がどのような意味で精神のシステムの大規模な転換と連動していたのか、ということについて考察してきた。貨幣に対して批判的・否定的な文芸としての喜劇が登場したところで、この考察を止めておこう。

ポイントをもう一度、確認しておく。硬貨としての貨幣が受け入れられ、流通するということは、客観的に見れば、貨幣の使用者たちが貨幣発行者に一方的に贈与しているに等しい。このことは、しかし、当事者たちに、そのようには意識されていない。むしろ、彼らは、自分たちこそ貨幣発行者から貨幣を与えられている、かのように事態を認識するだろう。だが、このことは、特定の誰に対する負債の意識ももたらしはしない。貨幣発行者から貨幣が供給されたからといって、人々は、そのことによって貨幣発行者に対して「借り」があると感じるわけではない。

が、人々は、貨幣発行者の背後にあって、その発行の行為の実効性を保証している抽象的な〈第三者X〉に対しては、無意識の――つまり意識はされないが行動として現れる――負債を負っている。繰り返し確認しておけば、その無意識の先験的な負債への反応こそが、「一方的な贈与」である。「一方的な贈与」とは、具体的には、貨幣をまさに支払い手段として使用することにほかならない。

ここで、第1章第5節で指摘したことを思い起こそう。そこで、われわれはマルクスが論じていることをもとにして、二種類の物神性がある、と指摘しておいた。人間同士の関係における物神性と物同士の関係における物神性である。人間同士の関係における物神性は、一般的な言い方で表現すれば、支配―服従の関係であり、基本的には贈与交換の領域で生ずる。贈与交換が互酬化されなかったとき、すなわち一方が他方に対して負債を残しているとき、支配―服従の関係が生ずるだろう。興味深いのは、物同士の関係における物神性の方である。商品交換が支配的な社会では、人間同士の関係から物神崇拝的な服従は消えるが、その分が、あたかも、物と物の間の関係、商品と商品の間の関係へと転移したかのような事態が生ずる。物と物との間の物神性はどうして生ずるのか。

鍵は、硬貨の起原についての説明の中に登場した〈第三者X〉にある。〈第三者X〉は、まずは再分配システムの中で出現するのであった。人は、〈第三者X〉に対して、先験的な負債があると感じている。この場合は、人は、〈第三者X〉の場所を占める主人に対して、物神崇拝的に服従することになる。しかし、やがて、〈第三者X〉は、具体的な身体とは同一視できない抽象的な審級として自立するのであった。それとともに、対自的な貨幣(硬貨)が可能になる。抽象化された〈第三者X〉に対して先験的な負債を負っているとき、人はもはや、具体的などの人物にも直接には服従してはいない。つまり、人は、人間同士の間の物神性からは解放されている。抽象的な〈第三者X〉への先験的な負債は、具体的には、貨幣への欲望として、あるいは貨幣的な価値をもつ商品への欲望として現れることになる。これが、物(商品)と物(商品)の間の物神性と呼んできた現象である。

再分配システムの中心に措定されていた〈第三者X〉が、純粋に抽象的な超越的審級へと転換したこと、これが、人の間の物神性を物の間の物神性へと切り替えるように作用した、ということになる。

＊

ジョルジョ・アガンベンは、古代ローマ法にあった「神聖を汚す《プロファナーレ》 profanare」という語に注目している(Agamben 2005＝2005)。「神聖を汚す」は、神々を侮辱するような反宗教的な行為だという印象を与えるが、アガンベンによると、まったく違う。これは、それ自体、宗教的な行為である。「神聖を汚す」は、「神に捧げる《サクラーレ》 sacrare」の逆操作だと考えればよい。「神に捧げる」は、人間の法の領域にあった事物を、そこから脱出させ、神々の領域に移すことである。「神聖を汚す」は、これの逆関数、供犠の逆操作である。つまり、神々に属している事物(神聖な事物、宗教的な事物)を、人間たちの領域に取り戻すことだ。「神に捧げる(供儀)」が神聖で宗教的な行為ならば、それとまったく同じ理由で、「神聖を汚す(瀆聖)」もまた神聖で宗教的な行為だった、とアガンベンは――古代ローマ法学者の見解を代弁するかたちで――強調している。

だが、どうして「神聖を汚す」行為が必要なのか。神聖な事物は、この操作を施すことではじめて、自由な商取引の対象となったのだ。この操作を施されていない事物に関しては、勝手に売ったり、抵当に入れたり、使用権を誰かに譲渡したり、等々は許されなかった。一度は神に捧げられた物を、神聖を汚すことで、人間の領域へと取り戻す。そうすると、物は、商品になりえたのだ。

ところで、今し方も確認したように、硬貨の発行者は、その源流に遡ると、再分配システムの中心であった。その中心へと向けて人々は物を捧げ、貢物を贈った。その中心が抽象化された後に、硬貨を配給する中心となりえたのだ。そう考えると、硬貨の発行は、「神聖を汚す《プロファナーレ》」の操作の一種だと言えるのではないか。それは、広義の「瀆聖」の操作の結果だと解釈することができるのではないか。

さらにここは、第2章の最後に、『ギルガメッシュ叙事詩』について論ずる中で指摘したことを思い起こしてもよいところだ。神々に仕える聖なる女と街娼(商品化した女)とは、紙一重の関係にある、と述べておいた。この両義性は、今述べたような商品一般の両義性が、女の身体において現れたものだと解釈することができる。商品は、直接に俗なる事物なのではなく、いったん聖化された上で瀆聖化されている。つまり、商品の世俗性は、聖性に媒介されている。同様に、『ギルガメッシュ叙事詩』のイシュタルは、神々に捧げられた聖娼婦(神官)であったものが、瀆聖化されることで街娼(商品)となった。

## 9　市場経済の誕生

さて、経済の起原をめぐる探究を(いったん)終わらせるときがきた。この章では、贈与交換から商品交換への移行がいかにして果たされたのか、その論理を説明してきた。第1章で述べたように、贈与交換と商品交換は、概念的には別のものである。とはいえ、実際の交換は、多くの場合、両面を備えており、排他的にどちらかのカテゴリーに分類することはできない。もちろん、儀礼的な贈与のように、商品交換的な側面をいっさいもたない、純粋な贈与交換は確かに存在する。同様に、純粋な商品交換も存在する。贈与交換的な要素を完全に脱した商品交換、商品交換としての商品交換は、硬貨の普及とともに始まる。この章では、対自的な貨幣としての硬貨がいかにして可能だったのかについて仮説を提起し、硬貨と誕生に連動する精神の体系的な変容について考察したのであった。

古代ギリシアの「鉄の串」もそうだが、原始貨幣が進化し、転用されて硬貨になる場合が多い。しかし、原始貨幣そのものは、未だ貨幣とは見なしえない。二つの点で、原始貨幣は貨幣ではない。第一に、原始貨幣は、儀礼的に規定された特定の対象(一般には結婚の相手となる人間)に対してしか使えず、交換の一般的な媒体ではないからだ。第二に、原始貨幣は厳密には支払いの手段ではなく、逆に、受け取った対象への支払いは不可能であるということ、それを贈られたことによって返済不能な負債を負ったということをこそ表示しているからである。原始貨幣は、これら二つの条件を否定したとき、貨幣への転用が可能になる(任意の対象への積極的な支払い手段になったとき)。

何度も述べてきたように、貨幣は本来、債券、一種の借用証書である。借用証書が流通すれば、貨幣となる。したがって、貨幣の原型は、信用貨幣である。信用貨幣は、貨幣の変則的な一類型ではない。貨幣とは、もともと信用貨幣なのだ。貨幣の本性をこのように見定めておけば、貨幣は、贈与に依存した現象、贈与からの派生物だということが分かる。貨幣が流通するのは、一方では、貨幣が含意している負債が必ず返済されるからであり、他方では、負債はいつまでも返済されないからでもある。この二律背反は、貨幣が結局のところ、互酬化されていない贈与、互酬化未了の贈与だということを意味している。そうだとすれば、贈与への衝動がなければ、貨幣は存在しないことになる。

　贈与交換によって汚染されていない純粋な商品交換は、硬貨の誕生と普及によって可能になると述べてきた。硬貨とともに、貨幣の貨幣としての価値が、その担い手となっている物としての価値からはっきりと区別されて自覚されるようになる。だから、硬貨は、貨幣の対自化の産物だと述べてきた。

　しかし、貨幣の対自化は、同時に、その本性の否認をも含んでおり、それゆえ――あからさまに逆説的な表現になってしまうが――対自化の否定でもある。硬貨として貨幣が実現するときには、貨幣の基底にあったあの二律背反が抑圧され、忘れられるのだ。貨幣の「信用貨幣」としてのアスペクトが隠蔽される、と言ってもよい。信用貨幣であるならば、それが価値を帯びるのは、約束されている――しかし未だ実現されていない――返済のゆえである。つまり、それが直接に価値をもつわけではない。しかし、信用貨幣性が否認されたとき、貨幣（硬貨）は、それ自体で価値を有する実体として現れることになる。

　貨幣を媒介にした売り買いによって、つまり商品交換によって、必要な物（財）のほとんどすべてが得られる状態を、「市場経済」と呼ぶ。たとえば、この章で考察の対象とした古代ギリシアは、すでに市場経済を実現していたと言ってよい。「経済の起原」をめぐるわれわれの考察は、結局、市場経済の誕生までを説明したことになる。その誕生の事実を歴史学的に記述したのではなく、誕生を可能ならしめた論理を、ひとつの仮説として提起してきたのだ。

## 10 その先に……資本主義経済へ

その後は、どうなるのか。それは、もはや本書の主題ではない。だが、ごく簡単に、今後の探究にどのような問いが待っているのかを、予示しておこう。

ここまでの議論の中で登場した時代は、ヨーロッパ史で言えば「古典古代」までである。あるいは、ヤスパースの語を使って「軸の時代」までだと言ってもよい。ヨーロッパ史の標準的な時代区分で言えば、この後には「中世」がやってくる。詳しくは説明することができないが、中世で起きていることを一言で要約すれば、貨幣の本来の形態、つまり信用貨幣への大規模な回帰である(Graeber 2011 = 2016: 第十章)。

述べてきたように、硬貨が、貨幣の本性を否認するかたちで登場したため、二種類の貨幣が存在するようになった。ひとつは、信用貨幣であり、もうひとつは、硬貨——金属片のかたちをとった貨幣である。前者は、約束された——実現されていない——返済に価値の根拠をもつヴァーチャルな貨幣である。それに対して、後者は、それ自体で価値をもっているかのように見えている。中世になると、ヨーロッパでは、硬貨は、実際には、ほとんど流通しなくなる。「ポンド」

「シリング」等は、価格の計算のための単位として使われているのであって、概念上のものでしかない。日常の実際の取引では、広義の信用貨幣的なものが使われていた。すなわち、割符や商品券による取引、現物取引などが主流だった。

硬貨が廃れ、信用貨幣が主に使われるようになる。この傾向は、ヨーロッパだけのことではなく、同時代、全地球的な範囲で見られることである。この傾向は貨幣の本来のあり方への回帰であり、干上がっているのは、派生的なタイプの方の貨幣なので、機軸となる論理に関わるものとしては、中世では、とりたてて新しいものは加わってはいない。個別の出来事や現象の中には、興味深いことが溢れているが、説明のための論理としては、本書がここまでに提起してきたことの応用で十分に足りる。

＊

だが、十五世紀の後半頃から、ヨーロッパでは、急に、金・銀の通貨が浸透し始める。一見、これは、かつてあったこと、軸の時代で起きたことが、少しばかり規模を大きくして繰り返されているだけである、と思いたくなる。だが、そうではなかったことが、後から振り返ってみると分かる。根本的に新しいことが起きようとしていたのだ。根本的に新しいこととは、資本主義経済の誕生である。金貨・銀貨の突然の普及は、資本主義経済のための準備だったのである。

市場経済と資本主義経済とは、どう違うのだろうか。表面的な現象に関していえば、商品化の程度が、資本主義経済の方がより徹底している、ということになる。市場経済は、たいていの物を商品として提供してくれる。しかし、普通の市場経済では、商品化されない要素がある。他の物が商品として生産されるための前提であって、それ自体は商品化されない要素が、である。土地(自然)と労働力と貨幣が、それらである。これらの要素までもが、商品化されるのが、資本主義経済である。

これは、しかし、現象の記述でしかない。かくも徹底した商品化を駆り立てている動因は何なのか。マルクスがヒントを与えてくれる。資本主義経済を特徴づけているのは、もちろん「資本」なのだが、マルクスは、資本の原型は、貨幣退蔵者――守銭奴――にある、と述べている。守銭奴は、まだ資本(家)ではないが、その一歩手前である。

守銭奴は、貨幣を使用せずに溜め込む。そのことで、自らが所有する貨幣を増やそうとする。このような守銭奴の生き方は、倒錯的だ。守銭奴は貪欲なのか、それとも禁欲的なのか。貨幣をいくらでも欲している守銭奴は貪欲だ、と言いたくなる。しかし、貨幣をもつのは、本来は、それによって何かを買い、消費したり享受したりするためだろう。だが、守銭奴は、消費や享受を最小化しようとしているのであって、むしろきわめて禁欲的である。多くを欲するがゆえに、徹底的に禁欲するほかなくなる。これは、もちろん自己矛盾であり、倒錯である。

だがやがて、人は、ただ貨幣を溜め込むよりも、その貨幣を積極的に使用した方が――つまり投資した方が――、貨幣を増やすことができ、より多くの貨幣が溜まることを学ぶ。そうなると、守銭奴は資本家に格上げになる。資本家は、合理的な守銭奴である。が、ここで注意しなくてはならない。資本家は、守銭奴より倒錯の程度が小さくなっているわけではない。守銭奴を特徴づけた倒錯性は、資本家にそのまま引き継がれている。資本家は、守銭奴よりも合理的に同じ倒錯を追求しているのだ。

ここから、資本主義経済を特徴づけていること、普通の市場経済から資本主義経済を区別する条件は何かが分かる。ただ人々が市場で売り買いし、利益を追求したり、競争したりしている、というだけでは資本主義経済ではない。貨幣というかたちで現れる価値の蓄積への欲望が無限化すること、これこそが資本主義経済の条件である。価値増殖への欲望が無限化しているがために、あらゆる物が――それが価値の蓄積に有用であるとみなされるやいなや――商品化されることになる。

貨幣化された価値の蓄積への欲望が無限化すること。ここで古代ギリシアの喜劇、アリストファネスの『福の神』を思い出そう。この芝居で、病理的な逸脱として嘲笑されていることこそ、まさに、この種の欲望であろう。市場経済がすでに十分に発展していた古代ギリシアの人々の目には異常なことにしか映らなかったことが、資本主義経済の下では、人々の行動を駆動する正常な欲望へと転換している。資本主義経済においては、価値増殖への無限の欲望をもたなければ、人は、敗者として立ち去るほかない。

だが、この倒錯的な欲望は、どこから出てくるのか。なぜ、またいかにしてこのような欲望が生まれ、資本主義経済をもたらしたのか。ここまでの考察だけでは、この問いには答えられない。さらなる探究を重ねなくてはならない。

貨幣に直接的に関連する現象については、少なくとも次のことは言っておかねばならない。十五世紀の後半あたりから始まる、金・銀の通貨形態への回帰は、資本主義経済への予兆であると述べた。だが、同時に、資本主義経済の下では、多種多様な信用貨幣的なものが発明され、流通している。資本主義経済では、確かに、「金」に支えられた貨幣へと回帰しようとする力が働いている。とりわけ資本主義経済の初期の段階では、この力は強かった。しかし、他方で、貨幣を、「金」のような具体的な物質から分離させようとする力も働いている。現在では、むしろ後者の力の方が強く、一九七一年八月に金とドルとの交換が停止されてから後は、われわれの貨幣は、金との関係を完全に断った。現代の資本主義の中で増殖している、さまざまな仮想的貨幣や信用貨幣は、かつて中世がそうであったように、貨幣の本来的な形態へと回帰していることの証拠であろうか。そうではない。現在の信用貨幣は、かつて硬貨が達成した水準を前提にした上で——つまり貨幣の本源的な二律背反の抑圧を前提にした上で——、案出されたものである。それは、硬貨以前の貨幣の本源的な形態への回帰とはまったく違う。

# 結ばぬ結び　〈互酬の正義〉を超えて

## 1　情念の経済

第1章で、われわれは、経済をめぐる二つの問いを提起した。第一に、贈与が支配的な交換様式から商品交換が支配する交換様式への転換は、どのように生ずるのか。第二に、人はそもそもなぜ贈与するのか。ここまでの展開が、これら二つの問いに回答を与えた。もちろん、それらは仮説である。が、いずれにせよ、それらは、完結した回答になっていたと信ずる。

ブリュノ・ラトゥールとヴァンサン・アントナン・レピネは、ガブリエル・タルドの『経済心理学』(の再刊版)への解説を兼ねた序文というかたちで、経済的利益は情念化されている、と主張している(Latour, Lépinay 2008 = 2021, Tarde 1902→2006)。一般には、過剰な愛着を含むさまざまな情念の絡み合いは、経済活動における利益の外部にある非合理的な要素とされる。しかし、ラトゥール等の考えでは――そしてまた彼らに解説されているタルドの『経済心理学』によれば――、経済的利益の追求は直接的に情念によって駆り立てられている。

ラトゥール等がこのように主張するとき、斥けられているのは、たとえばアルバート・O・ハーシュマンの説である。ハーシュマンの『情念の政治経済学』は、政治や軍事、そして何より宗教は、人間をときには相互破壊へと導くような激しい情念を直接、具現しているのだが、経済活動における利益は、こうした情念の激しさから人を救出する代替的な選択肢としての役割をもつ、と論じた(Hirschman 1977 = 1985)。ハーシュマンは、経済的利益を、情念的な諸行動の外にあって、それらを抑制しうる要素と解釈したわけだが、ラトゥール等は、経済的利益によって、情念の激しさが和らげられたり、逸らされたりすることはない、と考えた。彼らはむしろ、二十世紀が始まったばかりの時期の初期のグローバル化経済を見ていたタルドとともに、経済的利益は、情念によって駆り立てられ、沸点にまで到達すると考えたのだ。

われわれがここまで見てきたことも、経済が直接情念的であるとする、ラトゥールやタルド等の説を裏打ちしていると解釈することができるだろう。少なくとも、宗教が情念的であるとするならば、それと同じ意味において、経済も情念化されている。もっとも、経済がその全体として情念的であるということは、商品交換だけに視野を絞ってときには、感知しにくくなる。しかし、経済を起原から捉えたときには、そして商品交換にまで至るプロセスを考慮したとき、経済的な行動に、物や人や集団への強い愛着を含むさまざまな情念の絡まりが投入されていることが、容易に見てとられうる。

もっとも、愛着や情念こそが数量化されなくてはならないという、タルドの、あるいはラトゥール等の主張に関しては、留保が必要になる。経済が数量化にとりわけ適合的なのは、貨幣、とりわけ硬貨(以降の貨幣)のせいである。貨幣(硬貨)が導入され普及したことの効果として、経済に「数量」としての性質が宿る。とりわけ、それは、前章で見た、物である商品たちの「物神崇拝」(と見える現象)が一般化したときに出現する性質である。それゆえ、経済的な現象を記述する際に有用な「数量」を、情念をも表現するものとして解釈すべきだ、という趣旨であれば、タルドやラトゥール等の主張は、受け入れることができる。だが、硬貨の登場より前の経済に関して――多様な情念が投入されている現象としての経済に関して――、数量化にこだわることには意味がない。この場合には、数量化は、むしろ、事態の本質を逸する誤った単純化になる。

## 2 贈与と負債の合致――「資本主義」のための予告篇

前章の最後にも述べたように、経済の資本主義的な形態は、次なる主題であって、本書の守備範囲の外にある。だが、簡単に「予告篇」的に、本書で論じてきたことと資本主義とのつながりについてごく基本的なことだけ論じておこう。

そのためには、もう一度、われわれが批判し斥けてきた正統派経済学の「神話」を思い起こすのがよい。アダム・スミス以来、経済は次のような順序で進化すると信じられてきた。まず物々交換があり、そこから貨幣が誕生し、そのあと、貨幣の応用的な形態としての信用貨幣が登場する、と。ここで、中間段階の貨幣は、硬貨(あるいは金属貨幣)である。したがって、経済学の通説では、「物々交換→硬貨(金属貨幣)→信用貨幣」の順序となる。

だが、すでに述べたように、経済の原初形態が物々交換である、という命題は、論理の問題として成り立たず、さらに事実過程としても誤っている。それに対して、われわれは、グレーバーや、あるいはグレーバー自身が依拠したイネスの異端説を参照しながら、こう述べたのであった。本来の貨幣とは、一種の借用証書、流通するようになった借用証書だ、と。ということは、貨幣の原型は、信用貨幣だということになる。主流の「神話」では、最も後に登場する派生的な貨幣形態こそ、貨幣の本来の姿に近いのだ。硬貨（金属貨幣）は、信用貨幣よりも後に登場する。また、たまに経済が物々交換の様相を呈することがあるが、それはたいてい、金属貨幣を用いた商品交換が一般化しているような社会において、何らかの原因で金属貨幣が失われるか、あるいは失効した場合である。つまり、人々が金属貨幣を用いた商品交換をあらかじめ知っていたからこそ、そこで物々交換が出現するのである。物々交換は、商品交換からの派生であり、その特殊形態だ。したがって、正しい順序は、「信用貨幣→硬貨（金属貨幣）→物々交換」となる。

この順序は、通説とは真逆である。とりわけ、信用貨幣と金属貨幣との間の順序が、論理的な意味でも、また歴史的な過程としても正反対になる。この点を再確認しておいた上で、しかし、なお、正統派の経済学が、——物々交換が端緒になるという論点は認められないが——「硬貨（金属貨幣）→信用貨幣」と考えることには一定の理由がある、と言わねばなるまい。実際、資本主義においては、硬貨が定着し、一般に用いられていることを前提にした上で、その硬貨による支払いを前提にした「信用貨幣」が生まれるからである。マルクスは、そのような信用貨幣は、産業資本を基礎にして誕生する、と考えている。つまり、硬貨（金属貨幣）を前提にした上で、そこからさらに（二次的な）信用貨幣が発生するのが、（産業資本段階の）資本主義である。資本主義という社会システムを与件としておけば、「硬貨(金属貨幣)→信用貨幣」の順序は妥当である(この点については、大黒(2021)を参照)。

言うまでもなく、信用貨幣を発行することは、負債を負うことを意味している。貨幣は本来、信用貨幣だが、前章で述べたように、硬貨が登場したとき、その本来的な信用貨幣としての側面は抑圧される。そのため、「負債」の関係が逆転し、国民が貨幣発行者に対して、一方的に贈与している――つまり負債を返済している――かのような状況が出現するのだった。こうして成立した硬貨を前提にして、あらためて信用貨幣が使用されるようになる。

*

資本主義の以上の基本特徴を踏まえた上で、たとえば、マウリツィオ・ラッツァラートは、「新自由主義段階」にある社会においては、人間は一般に、「借金人間《ホモ・デビトル》」になっている、と論じている(Lazzarato 2011＝2012)。借金人間は、経済人《ホモ・エコノミクス》の一特殊形態である。ラッツァラートによれば、新自由主義的な現代社会においては、人間の生(存在)そのものが負債化されているに等しい。つまり、人はみな、「資本という神」に負債を負っている。人的資本としてみるならば、すべての個人は「企業」だが、個人は、また「借金人間」でもある。

デヴィッド・ハーヴェイも、「反価値」なる概念を導入して、新自由主義段階の現代資本主義を、ラッツァラートとよく似た視点から分析している(Harvey 2017＝2019)。反価値とは、「生産された価値が実現されない可能性」「価値を否定する可能性」のことで、価値として実現していない負債は、反価値の典型である。ハーヴェイの語彙を用いれば、新自由主義経済のもとで、すべての人は「債務懲役状態」を強いられているが、これは、ラッツァラートの「借金人間」に似た時代診断であろう。

ここはしかし、ラッツァラートやハーヴェイによる現代資本主義分析を精査するところではない。その仕事は、資本主義を主題的に論ずる後の探究のために残しておこう。ここでは、彼らの説明を理解する上での前提になる、資本主義のもっと基本的な性格だけ、確認しておく。

マルクスが好んで援用するヘーゲルの論理の中に、ある概念の本質を、対立規定のうちに映し出すというやり方がある。ある概念の意味が、それと矛盾する規定をもつ概念と出会わせることで明らかになる、ということだ。こうした論理に適合的な状態が、繰り返し現れるところに、資本主義の特徴がある。前章で、資本家の前史、まだ十分に合理的ではない資本家として、守銭奴について論じた。守銭奴とは、貪欲さが禁欲として現れることであり、まさに対立規定の出会いの典型例である。

そして、守銭奴よりも合理的な、ほんものの資本家においては、等置される対立概念は、より極端で先鋭なものになる。「贈与することと贈与されることとの合致」が、それである。資本家は、投資しなくてはならない。投資には、「賭け」の要素が必ずあり、その意味では、投資は、回収される保証のない(世界に対する)一方的な贈与としての側面をもつ(Appadurai 2016＝2020)。しかし、資本家は投資することでますます多くを得る、と想定されてもいる。資本家にとっては、一方的に贈与することが、そのまま、贈与されることでもある。

こうした対立規定が、現実の資本主義経済において成り立っている証拠に、資本家は、投資のために借金することができる。資本家が借金できるのは――つまり負債を負うことが可能なのは――、資本家が投資分をこえて回収することが、つまり投資家が「贈与」されることが、既定のことであるかのように扱われているからである。本来であれば、贈与する者と負債を負う者とは異なる者でなくてはならない。しかし、資本主義の下では違う。最も多くを贈与する者――最も多く投資したり消費したりする者――は、同時に、多くの負債がある者だ。だから、資産がゼロの、あるいは資産がマイナスの大金持ちということが論理的にはありうるし、実際にも存在する。

本書で提起した理論の中で用いてきた二つの鍵概念、贈与と負債とが、資本（家）という一点において完全に合致する。それが資本主義である。

## 3 互酬は正義か

資本主義をめぐる考察は、ここまでとしておく。最後に、第1章第6節で提起しておいた倫理に関する問題を考えておこう。一般には、贈与交換における互酬こそが、正義の原型と見なされている。この通念に従えば、「互酬が未だに実現していない状態に対して責任があること」こそが、要するにお返しをせずに、負債を残していることこそが、罪の原型である。実際、ニーチェをはじめとする多くの思想家・哲学者が罪を、「負債の一般化」として理解してきた。

しかし、そうだとすると、不可解なことがある、と第1章で述べておいた。しばしば、文学や説話の中では、「金を貸す人間」の方が邪悪であるかのように描かれてきたのだ。借りた側、負債のある側が悪い、というのであれば、筋が通っている。しかし、借りた者はイノセントで、貸した側が悪い、と思い描かれる方が一般的だ。しかし、互酬こそが正義であるとすれば、貸した側には、何の責任もない。互酬が実現していない原因は、もっぱら、借りたまま返していない者にあるからだ。どうして、貸した者が悪いかのように言われることの方が多いのか。

この不可解さは、前章までの考察をもとにすると、次のように解決することができる。贈与は、他者にとってポジティヴな価値のあるモノを、その他者にもたらすことである。それゆえ、一般に、贈与は、倫理的には善きこととして評価される。しかし、同時に、贈与には否定的な意味も宿る。なぜなら、贈与は、与え手が受け手を支配する力を生み出してしまうからだ。受け手側の負債の意識を媒介にして、贈与は、与え手が受け手を支配することを可能にする。

受け手の方に負債の意識が生ずる原因は、贈与が、一般に、互酬化されることへの強い社会的圧力を伴うことにある。与えた側は、ほとんどの場合、お返しがあって当然だと思っている。そして受け手の側は、お返しすることを義務だと感じている。お返しが実現するまでは——つまり互酬的な交換が未了のうちは——、受け手側は、与え手に対して負い目がある。このとき、受け手はどうしても、与え手が喜ぶように行為しなくてはならない、あるいは少なくとも、与え手に不快なことはできない、と思うことになる。与え手を喜ばすことだけが返済に近づくことであり、逆に、与え手を不快にすることは負債を大きくするからである。

このように、贈与は、他者に価値あるモノをもたらしながら、そのことを通じて、その他者を拘束する力を発生させる。「金を貸す人間」が邪悪な人物として描かれるのはこのためである。

根底には、互酬性そのものへの不信がある、と解釈してよいだろう。互酬的であることへの要請が、贈与にともなう力を生み出すからである。それゆえ、互酬は、一方では正義の原型と見なされつつ、他方では、「うさんくさいもの」とも感じられているのだ。

＊

それならば、どうすればよいのか。互酬性にこのような両義的な意味があるとするならば、どうすることが、真の正義なのか。贈与が諸刃の剣なのだとすれば、どうすべきなのか。この問題について基本的なことを考察することで、本書を閉じることにしよう。

さて、どうすればよいのか。答えはごく簡単だ……そのように思える。純粋な贈与、見返りを求めない贈与を遂行すればよいではないか。与えられた者が返済の義務を負わずにすむように、贈与すればよいではないか。

ここで、もう一度、贈与と商品交換との根本的な違いに関して、第1章で述べたことを思い起こしておこう。商品交換においては、売りと買いとは不可分であって、両者は単一の行為を形成している。「売り」だけの行為、「買い」だけの行為は成立できない。売り＝買いで単一の行為となる。だから、商品を売った者が相手に支払いを要求することは、正当なことである。商品交換においては、価値あるモノは、双方向に移動する（一方から他方に商品が、逆方向に貨幣が移動する）。しかし、贈与の場合は違う。贈与と反対贈与（お返し）は、異なる二つの行為、二つの贈与である。贈与は、価値あるモノの一方向の移動によって、さしあたって完結している。贈与した者は、受け手に対して、正当にお返しを要求する権利をもたない。贈り手は、内心ではお返しを期待していたとしても――さらにはお返しをする方が望ましいとする社会的規範が存在している場合でさえも――、受け手に対して、お返しを公然と要求することはよくないこと、はしたないこととされている。

それゆえ、もともと贈与としての贈与は、お返しへの正当な要求を含んではいない。だから、純粋な贈与を遂行すれば、相手を、負債の感覚を通じて支配することなどないはずだ。こう結論したくなる。

しかし、ことはそう簡単には片付かない。なぜなら、純粋な贈与は不可能だからだ。贈与という概念には、内在的な矛盾がある。贈与は純化したとき、自己否定に至るのだ。これこそ、かつてジャック・デリダが述べていたことではないだろうか(Derrida 1991)。デリダのめんどうな議論からは自由に、順を追って分かりやすく説明してみよう。どうして、純粋な贈与は不可能なのか。

たとえば、あなたが誰かに、お返しなどまったく要求せずに、お返しへの期待すら抱かずに、何かを贈ったとしよう。それでも、あなたは、その贈り物に関して、相手があなたに礼くらいは言うべきだ、と考えるのではないか。相手は、あなたに感謝すべきだと思うのではないか。しかし、そのときすでに、贈与の純粋性は失われている。あなたに感謝しているということは、その人があなたに対して負債の意識をもっている、ということを含意するからだ。あなたが、お返しなど要らないといくら主張したところで、あなたに感謝の気持ちをもったときにはすでに、相手は、あなたに対するお返しの義務を負っている(しかしまだ何も返すことができていない)と自覚していることになる。そもそも、感謝の言葉がすでに、あなたに対する最小限のお返しである。あなたが、相手に対して、「(私に)感謝して欲しい」と思っているとき、すでにあなたは、相手にお返しを要求しているのだ。

いや私はお礼の言葉すら要らない、感謝などしてもらわなくてもよい、と言う人もいるだろう。だがそうだとしても、少なくとも、相手が、あなたからの贈与をまさに「贈与」として認識することを、あなたは要求せざるをえない。相手が「それ」を贈与として認識しなければ、贈与は存在していないことになるからだ。しかし、受け手が、自らへの贈与を贈与として認識するということは、贈った者への感謝を含意しているはずだ。受け手が贈与をそれとして認識することが、贈与の構成要件であるとすれば、純粋な贈与、一切の見返りへの要求をもたない贈与は不可能だということになるだろう。

さらに繊細に事態を観察してみよう。確かに、われわれは、何かを贈った相手から感謝されたときに、「礼には及ばない」、「私にお礼など言わなくてもよい、感謝の気持ちなどもたなくてもよい、私は当たり前のことをしただけなのだから」等と言うことはある。偽善ではなく、心底からそう思うことがあるだろう。しかし、よく反省してみよう。贈った相手に関して、お礼など要らない、ましてお返しの品など不要だ、とあなたが思うのは、実際には、その相手があなたに感謝している限りにおいて、である。ほんとうに相手があなたにまったく感謝していなかったとしたらどうなのか、を想像してみるとよい。あなたは「礼には及ばない」「お礼は必要ない」と思っていたのだから、相手がまったく感謝しておらず、したがって当然、あなたへのお礼の言葉を発することもなかったとき、「それはよかった」と思うだろうか。そうは思わないだろう。むしろ、相手に対して、「なんてやつだ」と立腹するに違いない。では、「お礼は要らない」というとき、あなたは嘘をついているのか。そうではない。感謝が不必要になるのは、相手が感謝しているとき、そのときだけなのである。「感謝されることが不要な贈与」が実現するためには、贈られた者が感謝していなくてはならない。こうして、どんなに謙虚で純粋な贈与も、結局、相手に負債の感覚を植え付けずにはいられないことになる。

したがって、純粋な贈与、真に無償である贈与を目指したとしても、なお、その贈与は、(与え手が受け手を支配する)力を生み出さざるをえない。繰り返せば、純粋な贈与は不可能だからだ。

## 4 「贈与以前の贈与」としてのコミュニズム

しかし、贈与としての完成を目指すのではなく、逆に、贈与の最も原初的な形態、ほとんど贈与以前と見なすべき贈与の方へと遡れば、困難は克服される。まず、「贈与以前の贈与」とは何を指すのかを説明しよう。

通常の贈与では、複数の(二個の)主体AとBがいる。Aに属しているモノX、つまりAに所有されていたモノXが、AからBへと移動する現象が、贈与である。商品交換の場合と違うところは、第1章でも述べたように、モノXが物理的にBに移動しても、Xへの所有権が包括的に移転することはない、ということにある。Xは、究極的にはなおAに属しているのだ。Xを主体Aへとつないでいる臍の緒は切断されない。結果的に、モノXが主体AとBのどちらにも排他的に所属してはいない状態が生ずる。

それならば、モノXが、Aに排他的に属している、という状態を起点にせず、{A、B…}という集合に属しているという状態を端緒に置いたらどうか。つまりXは、A、B…たちに共有されている、あるいは共同寄託《プーリング》されている。物理的には、モノXが誰か特定の個人に、たとえばAに占有されているときもあるだろうが、それでも、XはAのものではなく、皆のものと解釈されるのだ。そして、Aにせよ、Bにせよ、必要なときに欲しいだけXを取ることができる。第1章で述べたように、われわれは、このような分配の方法も、広い意味での贈与に含めている。しかし、これは、ほとんど限界的な贈与、本来的な贈与に先立つところの贈与である。

このような原初的な贈与にあっては、誰かが誰かに負債感をもつということはなく、それゆえ、支配する力は発生しない。すぐに気づくだろう。これは、マルクスの『ゴータ綱領批判』にあるコミュニズムの定義そのものの状態である(Marx 1875＝1975)。各人は能力に応じて貢献し、必要に応じて取る。

こうした社会状態は、理念の中にあるだけではない。現実にも存在する。しかもありふれている。たとえば家族が典型である。家族が食事をするとき、誰かが誰かに食物を贈与している、という意識は誰ももってはいない。端的に家族のものを分有するだけである。

あるいは、狩猟採集民のバンド。実際には、もちろん誰かが狩猟した動物を持ってくるわけだが、その獲物は、最初からバンド全体のものと見なされ、肉は全員に公平に分配される。このとき、狩猟した者が他のメンバーに「与えた」とは決して見なされない。狩猟採集民を観察した人類学者が、しばしば驚きをもって記述していることのひとつに、狩猟採集民が肉の分配を受けたときに、お礼の言葉を発することがない、という事実がある。彼らは、当たり前のように分配に与かり、「ありがとう」という趣旨のことを言わない。われわれには、それはとても図々しい態度に見える。しかし、感謝の気持ちの表現がないのは、獲物の肉を分配されたとき、誰も負債の感覚をもたないからだ。そのため、狩猟採集民には、贈与を媒介にした支配／服従の垂直的な関係が生じない。要するに、その共同体は非常に平等である。

このように、「コミュニズム」の基本的な条件を端的に現実化している原初的な贈与のもとでは、支配する力は発生しない。こうして問題は解決された。

と、言いたいところだが、ここにはまだ困難が残る。すぐに分かるように、このような方法を活用できるのは、小規模な共同体だけである。本来的な意味での「主体の複数性」が存在しない社会でのみ、この方法は通用するだろう。

贈与としての贈与は、複数の主体が共存する程度には複雑化した社会において、貴重なモノ――「稀少」であると認知されているモノ――を分配し、それと同時に内的に連帯を確立するための社会的な技術として進化してきた、と考えられる。しかし、そうなったとたんに、問題は振り出しにもどされる。結局、贈与が――原初的ではない通常の贈与が――必要になる。このとき、贈与をめぐる困難が――贈与がどうしても垂直的な支配の力を生み出すという困難が――出現する。これは、人間社会の避けがたい必然なのか。

## 5　「互酬性への怒号」を手がかりに

ここでヒントになるのが、世界宗教である。世界宗教においても、一般に、互酬の論理が貫徹していることが正義である。しかし、同時に、世界宗教はしばしば、互酬を批判もしている。グレーバーの見るところでは、世界宗教は、「市場（＝互酬）への怒号」である。世界宗教は、したがって、互酬的な贈与への信頼と不信の両方の表現になっている。世界宗教が、いかなる論理によって、贈与の互酬性の困難を克服しているのか。それが、ここでの考察に示唆を与えてくれるのではないか。

考察の対象とするのに最もふさわしい世界宗教は、キリスト教である。キリスト教において、互酬への肯定と否定との間の矛盾が極限にまで強調されて現れているからである。キリスト教の信仰の中心には、キリストの死は人間の原罪を贖うものである、という理解がある。人間の罪が重い負債のようなものであって、キリストが死ぬことによって、この負債が清算された、というわけである。これは、完全に互酬の論理である。しかし、第1章でも示唆しておいたように――そしてこの後にあらためて詳しく論ずるように――、実際には、キリストの磔刑死の意味は、どうしても、互酬に立脚した説明では解き尽くせない。したがって、キリスト教にあっては、その信仰の中心部分で、互酬的な贈与の論理が自己主張しつつ、同時に否定もされていることになるのだ。

キリスト教は、「互酬的なバランス」としての正義という概念を、脱構築的に乗り越えようとしているように見える。どのような論理が働いているのか。解きほぐしてみよう。まず留意しておくべきことは、キリストは、互酬的な均衡を望ましいとする考え方に、しばしば異を唱えている、ということだ。右の頬を打つ敵に対しては左の頬を差し出してやれ、という教えは、中でも最もよく知られているものの一つだが、それだけではない。ここでは、ひとつずつていねいに検討はしないが、キリストの奇蹟や喩え話の多くが、互酬を正義の究極の姿とする考えへの批判が込められている。その最終的な帰結こそが、キリストの磔刑死である。

それにしても、まずは端的な疑問が生ずる。キリストが死んだことによって、人間の罪が赦された、ということになっている。神が人間を赦すつもりだったとすると、どうして、神はこんな回りくどいことをしたのか。なぜ、神は、人間を「ただ赦す」ということにしなかったのか。

キリストが十字架の上で絶命するまでの物語に、強烈な心理的効果があることはまちがいない。神は、自分にとって最も大事なもの、つまり我が子を、人間のために犠牲にしてくださった。となれば、それを見た人間は、神にとてつもない大きな感謝の念を抱くに違いない。人間は、神から大きな恩義を施されたのだから。現実のキリスト教への信仰は、このような心理的効果によって、ある程度は説明できるだろう。信仰は、解消できない負債感の屈折した表現である、と。が、今ここでわれわれの関心は、キリスト教の信仰が、どのような社会心理的な因果関係によってもたらされ、維持されてきたか、ということにあるわけではない。

神は、この出来事に立ち会った人間に対して、また出来事を知った人間に対して、心理的な衝撃を与えたくて、我が子をはなばなしく殺したわけではない。人間の罪を赦すために、キリストの死が必要だったのだ。どうしてだろうか。問うべきは、キリストの磔刑死を贖罪へとつなぐ神学的な論理は何か、である。論理は、信仰の内容から独立した一般性がある。そこから、互酬に基づく正義という概念を超えるものが見出されるかもしれない。それが、ここでのわれわれの見通しである。

## 6 「贖罪」の三つの解釈

イエス・キリストが十字架の上で死ぬことによって、人間の罪が贖われたことになるのは、どうしてなのか?

キリストの贖罪についての、広く流布している解釈は、キリストは、神がサタンに支払った身代金だというものである。罪がある状態とは、サタン(妨害者)によって人間が捕囚されているようなものだ。サタンから人間を解放してもらうためには、神はサタンに身代金を支払わなくてはならない。その身代金がキリストだ。この説明は明快である。これによれば、キリストの死による贖罪とは、サタンと神の間の互酬的な贈与交換である。神からサタンにキリストが、サタンから神の側に人間が、それぞれ贈られる。

しかし、この解釈には、重大な難点がある。神とサタンの交換という絵柄は、神とサタンが同等な力をもっていることを含意している。サタンは、神にとっても、ままならぬ相手だということになる。つまり、サタンは、神に匹敵するもう一人の神だと見なさざるをえなくなる。もちろん、このような神の唯一性、神の全能性を否定する説明は、贖罪の論理としては不適切だ。

もう一つの解釈は、同害報復の論理によって贖罪を説明する方法である。同害報復とは、儀礼的な贈与交換によって関係しあっている部族の間の、義務化された復讐である。ある部族Aのメンバーaが、別の部族Bの誰かbによって、何らかの害を加えられたとする。たとえば、aがbによって殺されたとする。このとき、部族Aは、部族自体が攻撃されたと解釈して、部族Bのいずれかのメンバーに、同等の害を加えることで復讐しなくてはならない。この復讐は義務である。この場合、Aから攻撃されるBのメンバーは、aに直接に危害を与えた人物bでなくてもよい。ただし、部族Aは、aが受けたのと正確に同じ大きさの害を加えることで復讐しなくてはならない。このケースでは、b′(≠b)は殺されなくてはならない。これが同害報復である。同害報復は、負の儀礼的贈与交換であると解釈することができる。

これとの類比で、キリストによる贖罪を解釈するのだ。二つの部族に対応するのが、神と人間である。人間が神との契約を破り、罪を犯すことは、人間が神に危害を加えたことを意味している。だから、神は同害報復の論理に基づいて、人間に復讐する(人間を罰する)のだ。この場合、人間の集団の中の任意の一人が、神からの報復を受ければよい、ということになる。その一人がキリストである。これによって、人間という集団の全体の罪が赦されたことになる(橋爪大三郎の説明。橋爪・大澤 2011: 200 を参照)。

これもまた、互酬的な贈与によって、贖罪を説明する議論のひとつである。今度は、神とサタンではなく、人間と神とが交換しあう。この同害報復論のメリットは、キリスト一人が殺害されたことによって、人類全体の罪が贖われたことになる理由が納得できる、という点にある。同害報復の原理では、直接の加害者ではなくても、部族の誰かが報復されれば、部族の罪が晴らされることになっているからである。

同害報復による義務的な復讐は、古代社会や無文字社会では、非常に一般的であった。古代のユダヤ人にとっても、この原理はなじみのものだっただろう。このことを思えば、当時の人々が、実際に、同害報復の一種として、キリストの死を理解し、納得していた可能性は高い。しかし、この出来事を「贖罪」として解釈する神学的な論理としては、同害報復論にも難点がある。

第一の問題は、この論理では、神は、人間と和解するために、きわめて高額の慰謝料を要求する狭量な人物のようになってしまう、という点にある。考えてみれば、相応の罰を受ければ、赦してもらうのは、当然のことである。むしろ、「それでも赦さない」ということ自体が、許されない。人間の側は、「キリスト」という巨額の罰金を支払っている。神の赦しは、したがって、当然のことである。言い換えれば、このような神に、とりたてて立派なところもないし、尊敬すべき点もない。逆に言えば、このような赦しは真の赦しではない。

第二に、同害報復論には、純粋に論理的な難点がある。キリストは神である。キリストは、人間かもしれないが同時に神である。とすれば、キリストを殺すことは、神にとって、敵方の「部族」の一員に復讐したことになるだろうか。ならないだろう。同害報復の論理に従えば、神が要求するのは、純粋に人間でしかない生贄である。神(の子)を殺しても、同害報復にはならない。

*

こうして、同害報復との類比も、贖罪の説明としては不十分だ。そこで、われわれは、さらに手の混んだ三番目の解釈に進まなくてはならなくなる。まず、神が、自分を裏切った重大な罪に対して、償いを要求している、という前提は、採用される。その上で、同害報復論の論理的難点を解消するために、次のように考えるのだ。神自身が人間になって、本来は人間が償うべき罪を償っているのだ、と。同害報復論に対応させると、復讐を受けるべき人物b'の位置に、神が入るのだ。負の互酬的な贈与の構成を強引にでも維持するために、神が一人二役を演じていることになる。神は罰し、かつ罰せられるのである。しかし、こんな不自然な仕方で罪を償うことに関しては、何か理由が必要だ。一般には、人間の罪はあまりにも大きいので、とうてい人間には償いきれないため、神が人間になり代わって償うのだ、と説明される。この説明を採用している神学者のひとりは、神の存在の存在論的証明で知られている、カンタベリーのアンセルムスだ。

この説明にも、しかし、いくつもの深刻な難点がある。第一に、これでほんとうに人間の罪が贖われたことになるのだろうか。ある会社が銀行に対して、多額の借金を負っていたとする。あまりにも多額であるため、会社そのものを身売りしても、その借金を払うことはできない。このとき、銀行自身が、(その銀行への)借金を支払ったとしよう。これによって、負債は消えるのだろうか。むしろ、負債額は大きくなっているのではないか。

第二に、より大きな問題は、神の一人芝居にある。この解釈によれば、神は、わざわざ、一大スペクタクルを演じたあとに、人間を赦してやっていることになる。しかし、神からすると、償うのも自分なら、赦すのも自分である。なぜ、神はそんな回りくどいことをしなくてはならないのか。それこそ、神は、直接に、端的に人間を赦す方がよい、と思わざるをえない。なぜ、神は、そうしなかったのか？

もしこの通りだとすれば、神の動機は実に不純だ（と推測される）。神は、これ見よがしに派手に立ち回って、人間に感謝されたり、賞賛されたりしたかったのではないか。神の方こそ、人間からの承認を求めていたのではないか。そんなふうに疑ってしまうのだ。よく考えてみれば、人間が罪ある状態にあるのも、全能の神がそうしたからである。人間に、遵守しえないほどの厳しい律法を課し、人間を罪へと追い込んだのは、ほかならぬ神ではないか。このことまで勘案すれば、神は、自らの手で人間を苦境に落としたあと、わざと目立つように人間を救出し、人間たちに、神への感謝の気持ちや恩義の感情を引き起こしているのである。このような神を尊敬したり、崇拝したりできるだろうか。もし、こんな人物がいれば、われわれは、激しく怒り、その人物を徹底的に軽蔑するのではないか。

たとえば、「地球人」は、ウルトラマンに感謝している。ウルトラマンが、頻繁に怪獣に苦しめられている地球人を、その度に、助けてくれるからだ。だが、よく調べてみたら、ウルトラマン自身が怪獣をたくさん飼っていて、ときどき地球を襲わせていたのだとしたらどうであろうか。そして、ウルトラマンは、怪獣が地球で十分に暴れ、地球人が万策尽きて困り果てている頃合いを見つけて、地球にやってきて、怪獣を殺しているのだとしたら。それでも、われわれはウルトラマンに感謝すべきだろうか。もちろん、そんなことはない。だが、贖罪の第三の解釈によれば、神がやっていることは、この邪悪なウルトラマンと同じである。

キリストの贖罪を解釈するための三つの論理を検討してきた。第一の解釈では、神は、あまりに無能である(サタンと対等な能力しかもたない)。第二の解釈では、神は、人並みに狭量で、尊敬すべき点がどこにもない凡庸な性格の持ち主である。第三の解釈では、神は異様だが、尊敬どころか、唾棄すべき醜悪な性格の持ち主だ。これらは、贖罪を「互酬的な贈与」という形式の中で解釈しようとしたときに得られる、論理的に可能な三つのパターンである(贖罪論をこの三つの類型に整理するにあたって、私は、来住(2013: 206–38)を参考にした)。いずれも満足できない。もし、キリストの死が、人間にとって罪の贖いになっているのだとすれば、それは、贈与、互酬的な贈与という枠組みで解釈してはならないのだ。それでは、どう解釈すべきなのか。

## 7　キリストの自己消滅

さて、ここからは私の考えである。キリストの磔刑が人間にとっての贖罪であるということを整合的に説明する唯一の理路は、以下のごとき筋ではないか。

前節で見たように、贖罪を互酬的な贈与交換の一種として解釈しようとしても、失敗する。もう一度、キリストの言動は、正義のベースに互酬的な均衡の論理を、つまり与えたものと受け取るものの価値は等しくあるべきだとする論理を突き崩そうとしていた、ということを思い起こす必要がある。キリストは律法を終わらせるためにこそやってきた。律法の正義を基礎づけているのは、罪と罰の間にバランスがあるべきだ、貸借は清算されていなければならない等々の、互酬的な均等性である。律法を終わらせることをねらうキリストが、この互酬の論理の停止をめざすのは、当然のことである。

キリストが語ったことのひとつに、ぶどう園の労働者の喩え話がある。キリストは、神の国を、何人もの日雇い労働者がいるぶどう園に喩えている。このぶどう園の主人(神)は、日が暮れたとき、朝早くから働いていた人にも、遅くから作業に参加した人にも同額の賃金を払った(マタイ福音書二十章)。労働時間に応じた労賃が与えられるべきだとする公平性の感覚(律法の論理)からすると、主人のやり方は間違っているように見える。実際、早朝から働いていた労働者は、主人に抗議する。しかし、キリストが述べているのは、ぶどう園(神の国)では、互酬的な均衡こそが正義であるとする前提が、すでに失われている、ということなのだ。ちなみに、このぶどう園は、先に見たような意味での――『ゴータ綱領批判』に書かれているような――コミュニズムの世界である。ここでは、「能力に応じて労働し、労働に応じて取る」という規則(コミュニズム以前の規則、社会主義の規則)が積極的に否定されているのだから。

キリストは、互酬的な贈与交換にこそ正義の原型があるとする論理を停止させようとしている。この論点を保持した上で、キリストの磔刑を捉えてみよう。ここで、人間が罪によって傷つけた相手(つまり神=キリスト)が自分で、その罪の代償を払っている。この自己循環の関係は、前節で述べたように、互酬的な贈与に基づく贖罪という論理を前提にしたときには、嘲笑すべきパフォーマンスになってしまうのだが、むしろ、そのような論理を停止することこそが目指されていたとするならば、つまり、そのように前提をシフトさせてみるならば、むしろ、必然的な帰結であることが分かる。互酬性は、一方に自己があり、他方に他者があって、両者が関係しあうことで成立する。これを停止させるためには、この自己と他者との二項分立を否定し、自己の自己への関係という自己準拠にまで追いつめる必要がある。

そこからさらに進んで、罪と罰の均衡、侵害と復讐の均衡という互酬的な贈与の論理の息の根を止めるにはどうしたらよいのか。贈与は、一般に、A（自己）がB（他者）のために、という形式をとっている。人が贈与し、またそれに対する応答（お返し）を求めるのは、贈与において何かを放棄するところの自己Aのアイデンティティを、他者Bからの応答によって確認したいからである。同じことは、Bの側にも言える。したがって、互酬的な均衡の論理が完全に破綻するのは、AとBが自分自身のアイデンティティの消滅を、自らすすんで積極的に受け入れたときである。キリストの十字架の上での死とは、まさに、この自己消滅のことではないだろうか。キリストは、まず、自他の間の互酬的な贈与の関係をA＝Bという自己関係にまで追い込んだ上で、そのA＝Bであるところの自己自身の消滅を自ら受け入れ、さらに追い求めたのである。

キリストの死によって、罪が贖われたというとき、われわれは、普通は、互酬的な贈与の関係の中で、罪と罰とのバランスがとれ、帳尻があった、と考える。しかし、キリストの死による〈贖罪〉とは、そのような意味ではない。それは、一般の「贖罪」が前提にしていた「均衡による正義」の論理そのものが失効してしまう、ということだったのである。だから、キリストは律法を終わらせた、と見なすことができるのだ。

## 8　コミュニズムの回帰

さらにその先がある。キリストは死ぬ。死んだということは、キリストが人間であることの証しである。しかし、同時に、キリストは神でもある。「死」の意味が「人間であること」にあることを考慮すれば、十字架の上で死んだのは、「神」である、と考えなくてはならない。つまり、死んだのは、此岸の「人間」の方なのか、それとも、彼岸にいる超越的な「神」の方なのかと問うたとき、断然、後者である、と考えなくてはならない。神が、普遍的な神が死んだのである。キリストの死によって、神が――彼岸の存在としては消え去り――完全に人間であることが明らかになった。このとき――純粋に論理的に推論して――何が起きるのか。

もともと人々は、神に祈り問いかけ、神と関係しようとしていた。つまり、人は、超越的な彼岸に存在している神とコミュニケートしようとしていた。神は普遍的な存在だから、このような神とのコミュニケーションにはすべての信者、すべての人間が参加することができる。このとき、信者の共同性に対して、神がもつ意義が両義的であることに注意しておこう。神は、すべての人間が参加しうる共同体の可能性の条件だが、同時に、神という媒介がなければ共同体が成り立たないのであれば、神は、信者たちが直接関係しあうことの不可能性の条件でもある。

さて、キリストが自己消滅を自ら引き受け、超越的な彼岸にはもはや神はいない。するとどうなるだろうか。神へと関係しようとしていた、信者＝人間たちのコミュニカティヴな志向性は相手を失って、結果的には、それぞれに神へと語りかけていた信者たちの集合性そのものへと回帰するほかない。したがって、論理的には、神であるところのキリストが死んで、消滅したことによって、信者たちが普遍的に参加しうる共同体が実現するはずだ。この共同体は、神＝キリストが死んでできあがった空白を埋めるように実現する。要するに、神の代わりに、信者の共同体が得られるのだ。もっと端的に、こうしてできあがった共同体は、神そのものの変貌した姿、いわゆる神の実体変容(transubstantiation)の結果である、と言ってよい。この信者の共同体こそが、キリスト教の用語で、「聖霊」と呼ばれるものではないだろうか。

今述べたことを振り返れば、実体変容は、二重に生じていることが分かる。二つの実体変容がある、ということではなく、同一の実体変容が、二重の意味を担っている、ということだ。一方に、「父なる神」が、肉をもった「人間(子なるキリスト)」になるという実体変容がある。これこそ、キリストが十字架に磔にされて死んだ、ということの含意であった。このとき、他方で、「人間(信者)」の共同体の方も、新たな精神的な境位に達し、「聖霊」へと変容している。つまり「父なる神→人間(子なるキリスト)」という変容と「人間→聖霊」という変容とが、同一の実体変容の二重の姿である。

ここで気づくことだろう。こうして出現した聖霊としての共同体は、普遍的な包摂性をもったコミュニズムの社会になっている、ということに。先に、「贈与以前の贈与」によって成り立つコミュニズムの中であれば、贈与が支配の力を生み出す、という問題を回避できる、と述べた。

しかし、そのようなコミュニズムを営みうる共同体は常に小さく、そしてローカルだ。だが、ここに、キリストの磔刑死を貫く論理を解明しながら示してきたように、互酬的な贈与を脱構築したとき、コミュニズムが回帰してくる。しかも、今度は、誰をも包摂しうる普遍的な共同体として、である。

コミュニズムがこのように高次化することができるのは、どうしてなのか。その秘密は、今説明した実体変容の二重性にある。神は人間となる。このことは次のことを意味している。すなわち神でありかつ人間であるという矛盾からくる対立は、まずは——人間ではなく——神自身に帰せられる、ということ、である。神は、〈人間／神〉という亀裂を孕むことにおいて、他の人間たちといささかも区別できない普通の人間である。そうであるとすれば、他のすべての人間、すべての個人も、これと同じ形式の分裂、〈自己／〈超越的〉他者〉という分裂を内的に孕んでいるということではないか。すべての人間は、自らのアイデンティティのうちに、このような分裂、このような差異を内在させているという意味において同じである。普遍的な同一性があるのではなく、差異において普遍的であること、これを根拠に生まれる共同性が、聖霊であり、高次化したコミュニズムだ。

原初的なコミュニズムに限界があったのは、主体の複数性という問題を克服できないからであった。「われわれ」と「他者」とが、相互に外在している以上、両者の間の友好的な関係は、「互酬化されることを願う贈与」という形式をとらざるをえないが、そのような贈与には、互いに相手を屈服させようとする力の闘争としての側面がある。しかし、〈自己〈われわれ〉／他者〉という複数性は、個々の主体に内在している普遍的な差異性であるとすればどうか。このような意味での複数性は、対立や葛藤の原因ではなく、連帯のための条件となる。

この最後の章でわれわれが示してきたことは、次のことである。「互酬的均衡に基づく正義」という原理を超えたコミュニズム、しかも普遍的な連帯にもとづくコミュニズム、このようなコミュニズムは可能である。キリスト教の贖罪論を支えている論理を解明する作業に仮託して、われわれは、このことを証明してきた。ただ、ここで明らかにしてきたのは、純粋に論理的な可能性である。そのようなコミュニズムが、社会的現実においては、どのような形態をとるのか。それはどのような具体的な制度として現実化されるのか。こうしたことについては、まだ何も示してはいない。コミュニズムは少なくとも論理的には可能である。しかし、現実においてそれは何なのか。それは、資本主義というシステムを分析したあとに回答すべき問いであろう。

# 文献


アリストテレス 二〇一八『政治学』(『新版アリストテレス全集 十七』)、岩波書店。

岩井克人 一九八五「はじめの贈与と市場交換」『ヴェニスの商人の資本論』筑摩書房。

岩井克人 一九九三『貨幣論』筑摩書房。

大澤真幸 二〇一四『〈世界史〉の哲学 東洋篇』講談社。

金谷武洋 二〇〇二『日本語には主語はいらない——百年の誤謬を正す』講談社選書メチエ。

柄谷行人 二〇一〇『世界史の構造』岩波書店。

来住英俊 二〇一三『『ふしぎなキリスト教』と対話する』春秋社。

熊野純彦 二〇〇六『西洋哲学史——古代から中世へ』岩波新書。

國分功一郎 二〇一七『中動態の世界——意志と責任の考古学』医学書院。

大黒弘慈 二〇〇二「負債・人間・贈与——負債経済論とマルクス経済学」『社会システム研究』二十四号。

橋爪大三郎・大澤真幸 二〇一一『ふしぎなキリスト教』講談社現代新書。

細江逸記 一九二八「我が国語の動詞の相(Voice)を論じ、動詞の活用形式の分岐するに至りし原理に及ぶ」市川三喜編『岡倉先生記念論文集』岡倉先生還暦祝賀会。

見田宗介　二〇一八『現代社会はどこに向かうか』岩波新書。
渡瀬信之　一九九〇『マヌ法典――ヒンドゥー教世界の原型』中公新書。

Abraham, R. C., 1933, *The Tiv People*, Government Printer.
Agamben, G., 1995, *Homo Sacer: Il potere sovrano e la nuda vita*, Einaudi. ＝2003（高桑和巳訳）『ホモ・サケル――主権権力と剝き出しの生』以文社。
Agamben, G., 2005, *Profanazioni*, Nottetempo. ＝2005（上村忠男・堤康徳訳）『瀆神』月曜社。
Aglietta, M., André Orléan eds., 1998, *La Monnaie souveraine*, Éditions Odile Jacob. ＝2012（坂口明義監訳）『貨幣主権論』藤原書店。
Anspach, M. R., 2002, *À Charge de Revanche : Figures élémentaires de la réciprocité*, Seuil. ＝2012（杉山光信訳）『悪循環と好循環――互酬性の形／相手も同じことをするという条件で』新評論。
Appadurai, A., 2016, *Banking on Words: The Failure of Language in the Age of Derivative Finance*, University of Chicago Press. ＝2020（中川理・中空萌訳）『不確実性の人類学――デリバティブ金融時代の言語の失敗』以文社。
Arendt, H., 1958, *The Human Condition*, University of Chicago Press. ＝1994（志水速雄訳）『人間の条件』ちくま学芸文庫。
Berlin, I., 1969, *Four Essays on Liberty*, Oxford University Press. ＝2018（小川晃一他訳）『自由論【新装版】』みすず書房。
Bougle, C., 1993, *Essais sur le régime de castes*, Presses Universitaires de France.

Brosnan, S. F., M. F. Grady, S. P. Lambeth, S. J. Schapiro, J. B. Beran, 2008, “Chimpanzee Autarky,” PLOS ONE, January 30.

Clastres, P., 1974, *La Société contre l'État*, Édition de Minuit. = 1989（渡辺公三訳）『国家に抗する社会——政治人類学研究』水声社。

Clastres, P., 1977, *Archéologie de la Violence: La guerre dans les sociétés primitives*, = 2003（毬藻充訳）『暴力の考古学——未開社会における戦争』現代企画室。

Derrida, J., 1972, *Marges, de la Philosophie*, Éditions de Minuit. = 2007（高橋允昭・藤本一勇訳）「差延」『哲学の余白　上』法政大学出版局。

Derrida, J., 1991, *Donner le Temps, 1. La fausse monnaie*, Galilée.

Doherty, C., 1980, “Exchange and Trade in Early Medieval Ireland,” *Journal of the Royal Society of Antiquaries of Ireland*, 110.

Duggan, E. de C., 1932, “Notes on the Munshi（“Tivi”）Tribe of Northern Nigeria,” *Journal of the African Society*, 31.

Dumont, L., 1964, *La Civilisation Indienne et Nous: Esquisse de sociologie compare*, Colin. = 1997（竹内信夫・小倉泰訳）『インド文明とわれわれ』みすず書房。

Dumont, L., 1966, *Homo Hierarchicus: Essai sur le système des castes*, Gallimard. = 2001（田中雅一・渡辺公三訳）『ホモ・ヒエラルキクス——カースト体系とその意味』みすず書房。

Eliade, M., 1936, *Yoga: Essai sur les origines de la mystique indienne*. = 1978（立川武蔵訳）『ヨーガ1——エリアーデ著作集九』せりか書房。

Eliade, M., 1936, *Yoga: Essai sur les origines de la mystique indienne.* =1981（立川武蔵訳）『ヨーガ2――エリアーデ著作集十』せりか書房。

Eska, C. M., 2011, "Women and Slavery in the Early Irish Laws," *Studia Celtica Fennica,* VIII.

Fukuyama, F., 2011, *The Origin of Political Order: From Prehuman Times to the French Revolution*, Farrar, Strauss and Giroux.

Furness., W. H., 1910, *The Island of Stone Money: Uap of Carolines*, Washington Square Press.

Graeber, D., 2011, *Debt: The First 5000 Years*, Melville House. =2016（酒井隆史監訳）『負債論――貨幣と暴力の五〇〇〇年』以文社。

Habermass, J., 1968, *Technik und Wissenschaft als ›Ideologie‹*, Suhrkamp. =2000（長谷川宏訳）『イデオロギーとしての技術と科学』平凡社。

Habermass, J., 1981, *Theorie des kommunikativen Handelns*, Suhrkamp. =1985–87（河上倫逸他訳）『コミュニケイション的行為の理論（上・中・下）』未來社。

Harvey, D., 2017, *Marx, Capital and the Madness of Economic Reason*, Profile Books. =2019（大屋定晴監訳）『経済的理性の狂気――グローバル経済の行方を〈資本論〉で読み解く』作品社。

Hegel, G. W. F., 1812–16, *Wissenschaft der Logik.* =1994–95→2002（武市健人訳）『ヘーゲル 大論理学 中巻』（全四冊）、岩波書店。

Hegel, G.W. F., 1807, *Phänomenologie des Geistes.* =2018（熊野純彦訳）『精神現象学（上・下）』ちくま学芸文庫。

Hirschman, A. O., 1977, *The Passions and the Interests: Political Arguments for Capitalism before its Triumph*, Princeton University Press. = 1985（佐々木毅・旦祐介訳）『情念の政治経済学』法政大学出版局。

Hopkins, K., 1978, *Conquerors and Slaves*, Cambridge University Press.

Ihering, R. von, 1877, *Der Geist des römischen Rechts auf den verschiedenen Stufen siener Entwicklung*.

Innes, M., 1913, "What is Money," *Banking Law Journal* (May 1913).

Innes, M., 1914, "The Credit Theory of Money," *Banking Law Journal* (January 1914).

Isaac, G., 1978, "The Food-sharing Behavior of Protohuman Hominids," *Scientific American*, 238 (4).

Jaspers, K., 1949, *Vom Ursprung und Ziel der Geschichte*, Artemis-Verlag. = 1964（重田英世訳）『歴史の起源と目標』（ヤスパース選集９）、理想社。

Kane, P. V., 1973, *History of Dharmasastra Volume III*, Bhandarkar Oriental Research Institute.

Kant, I., 1781→87, *Kritik der reinen Vernunft*. = 2012（熊野純彦訳）『純粋理性批判』作品社。

Keynes, J. M., 1915, "The Island of Stone Money," *Economic Journal*, 25 (98).

Latour, B., L., Vincent Antonin Lepinay, 2008, *L'économie, Science des intérêts passionnés: Introduction à l'anthropologie économique de Gabriel Tarde*, Découverte. = 2021（中倉智徳訳）『情念の経済学――タルド経済心理学入門』人文書院。

Lazzarato, M., 2011, *La fabrique de l'homme endetté. Essai sur la condition néolibérale*, Éditions Amsterdam. = 2012（杉村昌昭訳）『〈借金人間〉製造工場――"負債"の政治経済学』作品社。

Lerner, G., 1986, *The Creation of Patriarchy*, Oxford University Press. = 1996（奥田暁子訳）『男性支配の起源と歴史』三一書房。

Lévinas, E., 1961, *Totalité et infini: Essai sur l'extériorité*, Martinus Nijhoff. =2005–06（熊野純彦訳）『全体性と無限（上・下）』岩波文庫。

Lévinas, E., 1974, *Autrement qu'être ou au-delà de l'essence*, Springer. =1999（合田正人訳）『存在の彼方へ』講談社学術文庫。

Lévi-Strauss, C., 1943, "Guerre et commerce chez les Indiens d'Amérique du Sud," *Renaissance, Revue trimestrielle publiée par l'École libre des hautes études*, vol. 1, fascicule 1 et 2.

Lévi-Strauss, C., 1949, *Les Structures élémentaires de la parenté*, Presses Universitaires de France. =2000（福井和美訳）『親族の基本構造』青弓社。

Lévy-Bruhl, L., 1923, *Primitive Mentality*, Allen & Unwin.

Luhmann, N., 1988, *Die Wirtschaft der Gesellschaft*, Suhrkamp. =1991（春日淳一訳）『社会の経済』文眞堂。

Malamoud, C., 1998, "Le paiement des actes rituels dans l'Inde védique," M. Aglietta, A. Orléan eds., *La Monnaie souveraine*, Éditions Odile Jacob. =2012（坂口明義監訳）「ヴェーダ・インドにおける祭式的行為への支払い」『貨幣主権論』藤原書店。

Malinowski, B., 1922, *Argonauts of the Western Pacific*, Routledge. =2010（増田義郎訳）『西太平洋の遠洋航海者』講談社学術文庫。

Martin, F., 2013, *Money: The Unauthorized Biography*, Alfred Knoph. =2014（遠藤真美訳）『21世紀の貨幣論』東洋経済新報社。

Marx, K., 1859, *Zur Kritik der politischen Ökonomie*, Verlag von Franz Duncker. =1956（武田隆夫他訳）『経済学批

判』岩波文庫。

Marx, K., 1867, *Das Kapital*, Verlag von Otto Meissner. ＝1972（岡崎次郎訳）『マルクス＝エンゲルス全集版　資本論①』国民文庫。

Marx, K., 1875, *Kritik des Gothaer Programms*. ＝1975（望月清司訳）『ゴータ綱領批判』岩波文庫。

Mauss, M., 1924, *Essai sur le don: forme et raison de l'échange dans les sociétés archaïques*. ＝1973（有地亨他訳）「贈与論」『社会学と人類学Ⅰ』弘文堂。

Mauss, M., 1924, *Essai sur le don: forme et raison de l'échange dans les sociétés archaïques*. ＝2014（森山工訳）『贈与論　他二篇』岩波文庫。

Milton, K., 1992, "Civilization and its discontents," *Natural History*, 101(3).

Nietzsche, F. W., 1887, *Zur Genealogie der Moral*, Verlag C. G. Naumann. ＝2009（中山元訳）『道徳の系譜学』光文社古典新訳文庫。

Patterson, O., 1982, *Slavery and Social Death: A Comparative Study*, Harvard University Press. ＝2001（奥田暁子訳）『世界の奴隷制の歴史』明石書房。

Rospabé, P., 1995, *La Dette de Vie: aux origins de la monnaie sauvage*, La Découverte.

Sahlins, M., 1974, *Stone Age Economics*, Routledge. ＝2012（山内昶訳）『石器時代の経済学（新装版）』法政大学出版局。

Sartre, J.-P., 1960, *Critique de la raison dialectique*, Gallimard. ＝1962, 1965, 1973（竹内芳郎他訳）『弁証法的理性批判――サルトル全集二十六・二十七・二十八』（全三冊）、人文書院。

Seaford, R., 2004, *Money and the Early Greek Mind*, Cambridge University Press.

Seaford, R., 2011, "The Greek invention of money," H. Ganssman ed., *New Approaches to Monetary Theory: Interdisciplinary Perspectives*, Routledge.

Smith, A., 1776, *The Wealth of Nations*. ＝2000–01（水田洋監訳）『国富論（一—四）』岩波文庫。

Stol, M., 1995, "Women in Mesopotamia," *Journal of the Economic and Social History of the Orient,* 38(2).

Tarde, J.-G. de, 1902→2006, *Psychologie économique*, Félix Alcan→Les Empêcheurx.

Waal, F. de, 1910, *The Island of Stone Money: Uap of the Carolines*, Washington Square Press.

Waal, F. de, 1996, *Good Natured: The Origins of Right and Wrong in Humans and Other Animals*, Harvard University Press. ＝1998（西田利貞他訳）『利己的なサル、他人を思いやるサル——モラルはなぜ生まれたのか』草思社。

Whitehead, A. N., 1929, *Process and Reality: An Essay in Cosmology*, The Free Press. ＝1984–85（山本誠作訳）『過程と実在（上・下）』（ホワイトヘッド著作集 第十巻・第十一巻）、松籟社。

Žižek, S., 1989, *The Sublime Object of Ideology*, Verso Books. ＝2015（鈴木晶訳）『イデオロギーの崇高な対象』河出文庫。

Žižek, S., 1993, *Tarrying with the Negative: Kant, Hegel, and the Critique of Ideology*, Duke University Press. ＝2006（酒井隆史・田崎英明訳）『否定的なもののもとへの滞留——カント、ヘーゲル、イデオロギー批判』ちくま学芸文庫。

Žižek, S., 2010, *Living in the End Times*, Verso Books.

# 解説
## ——すでにあり、いまだなきコミュニズム

市野川容孝

米田昇平(経済思想史)は、本書よりもそのタイトルが一字だけ多い『経済学の起源』(京都大学学術出版会、二〇一六年)で、近代経済学の始まりは、アダム・スミスの『諸国民の富』(一七七六年)等よりも約百年早く、フランスを中心に広がりをみせたジャンセニスムに見出せると述べている。

ジャンセニスムは、フランドルの神学者、C・ヤンセン(Cornelius Jansen/一五八五—一六三八)を中心に形成されたキリスト教の一宗派で、パスカルなどもその支持者だった。アウグスティヌスへの回帰を特徴としたが、ローマ教会からは異端視され、弾圧された。米田も参照しているB・グレトゥイゼンによれば、フランス革命ではっきりするように、ブルジョアジーは最終的に世俗化(脱宗教)を求めてゆくものの、ジャンセニスムはブルジョワジーが従来の宗教(カトリック)から離反、離脱してゆく一つの重要な媒介となった(野沢協訳『ブルジョワ精神の起源』法政大学出版局)。

このジャンセニスムに、なぜ、経済学の起源が見出せるのか。

米田は、ジャンセニストのピエール・ニコル(一六二五—一六九五)と一六七〇年代のその著

作『道徳論』に注目する。ニコルによれば、原罪を負う人間は、無意識の欲望の発露である「自己愛(l'amour-propre)」に支配されており、それは「われわれが胸の内に宿す怪物」と言うほかない(前掲『経済学の起源』三二頁)。ジャンセニスムは人間の罪深さと救済に関する人間の無力さを強調しながら、救いは神の恩寵によってのみ可能としたアウグスティヌスに回帰したが、その教えは、同じくアウグスティヌスの予定説をより先鋭化させたカルヴィニズムとも重なるところがあった。

しかし、ニコルの新しさは、人間の堕落の証にほかならない「自己愛」から社会秩序が生まれるとした点にあり、米田はそこに経済学の起源を見る。「必要(besoin)」は自己愛が求める事物であり、ニコルによれば、世界中の人びとは「お互いに有する相互的な諸必要(les besoins réciproques)を通じてすべての人々をお互いに結びつける連鎖の一部となる」(同書、三三頁)。自分の必要を満たすため、人びとは、私の欲しいものをください、そうすれば、あなたの欲しいものをあげます、という形で互いに結びつく。「取引(commerce)」が生まれ、社会が形成されてゆく(三八頁)。そうやって出来上がる秩序も、依然、堕落や原罪の域を出ず、過度の自己愛等を罰する神の(世俗権力を介した)統治が不可欠であるものの、自己愛、必要、取引によって動く世俗社会をニコルは神の意にもかなうとして肯定した。ジャンセニストのボワギルベール(一六四六―一七一四)はさらに、その神の場と役割を「自然」に置き換えながら、社会の秩序は「自然の働きに任せる(laisser faire la nature)」かぎり維持されると説いた(七〇頁以下)。後に重農主義が説く「自然の支配」「レセ・フェール(自由放任)」という考えは、すでにこのボワギルベールに確認できると米田は言う。

米田によれば、「利己心の自由」が「結果として最大の善あるいは社会的効用をもたらす」という仕組み、「自己愛・利己心の自由な振る舞いを善に転換する錬金術」に関する考察が開始されるとき、経済学が道徳論や倫理学と袂を分かちながら誕生する(九―一〇頁)。

ジャンセニストのニコルやボワギルベールの所論は、確かにアダム・スミスの経済学を先取りしている。彼らから約百年遅れて、スミスは「自愛心(self-love)」を経済の根幹にすえながら、次のように述べた。「わたしのほしいものをください、そうすればあなたのほしいものをあげましょう、(…)われわれが自分たちの食事を期待するのは、肉屋や酒屋やパン屋の仁愛にではなくて、かれら自身の利益に対するかれらの顧慮に期待してのことなのである。われわれは、かれらの人間性にではなく、その自愛心に話しかけ、しかも、かれらにわれわれ自身の必要を語るのではけっしてなく、彼らの利益を語ってやるのである」(大内兵衛・松川七郎訳『諸国民の富(一)』岩波文庫、一一八頁、傍点引用者)。

しかし、このように考える経済学を、そのまま経済と同一視できるか。できない、というのが、大澤の本書の出発点である。そのタイトルは米田の書物と一字しか違わない(一字だけ短い)けれども、これはとても大きな違いだ。米田がその起源をさぐる経済学は、より正確には「自由主義経済学」と呼ばれるが(前掲『経済学の起源』一頁)、この経済学は人間の経済のごく一部しか見ていない。本書で大澤は、そういう前提に立っている。

本書で大澤も参照しているD・グレーバーの『負債論』(酒井隆史監訳、以文社)は、人間の経済のあり方を大きく三つに分けた。第一は、「コミュニズム」であり、それはK・マルクスの『ゴータ綱領批判』(一八七五年)にならって「各人はその能力に応じて[貢献し]、各人にはその必要に応じて[与えられる]」という原理にもとづいて機能する、あらゆる人間関係、と定義される(前掲『負債論』一四二頁)。

第二は、「交換」であり、その特徴は等価性と互酬性である(同書、一五四頁)。米田がその起源をジャンセニスムに見た(自由主義)経済学は、人間の経済をこの交換に限定することで誕生するとも言える。交換は、私が欲しいものをください、そうすればあなたの欲しいものをあげましょう、というA・スミスの右の言葉によって簡潔に表現される。

第三は、「ヒエラルキー」であり、それは形式的な平等(等価性、互酬性)に支えられた交換と異なり、「少なくとも二者からなり、そのうちの一方が他方よりも上位にあるとみなされる関係」を前提とした経済である(一六三―四頁)。それは、与えることなしにただ手に入れる「窃盗あるいは略奪」と、受け取ることなしにただ与える「無私の施し」を両極とする。

このヒエラルキーが二者関係から三者関係に移行するとき、「再配分」の契機が芽生える(一六九頁)。すなわち、ヒエラルキーの上位にある者が、下位の比較的裕福な者から奪った富を、より貧しい者に見返りなしに与えるという経済のしくみである。

「コミュニズム」をマルクスの『ゴータ綱領批判』にならって定義しつつも、グレーバーはある一点で、マルクスと異なる。「各人はその能力に応じて、各人にはその必要に応じて」という共産主義の社会を、マルクスは、いまだなきもの、今ある資本主義の社会の後に到来するものと考えていたが、グレーバーの考えは、コミュニズムはこれまで常に存在したし、今も、つまり資本主義の社会も、実はそれなしに立ち行かない、というものだ。

> たった二人の人間の交流であってさえも、わたしたちはある種のコミュニズムの現前に立ち会っているといえるのだ。(…)水道を修理しているだれかが「スパナを取ってくれないか」と依頼するとき、その同僚が「そのかわりになにをくれる?」などと応答することはない。(…)真剣になにごとかを達成することを考えているなら、最も効率的な方法はあきらかに、能力にしたがって任務を分配し、それを遂行するため必要なものを与え合うことである。ほとんどの資本主義企業がその内側ではコミュニズム的に操業していることこそ、資本主義のスキャンダルのひとつである、ということさえできる。(…)コミュニズムこそが、あらゆる人間の社交性[社会的交通可能性](sociability)の基盤なのだ。コミュニズムこそ、社会を可能にするものなのである(前掲『負債論』一四三―四頁)。

グレーバーによれば、コミュニズムの原理だけで成り立つ社会は存在せず、どの社会にも、交換やヒエラルキーの原理が、程度の差はあれ、混入している。グレーバーのこの見方が重要である。一九八〇年代末から九〇年代初めに東ドイツやソ連が国家として解体したとき、社会主義とは、あるいはコミュニズムとは、結局、資本主義から資本主義への長い回り道にすぎなかった、という揶揄が繰り返されたけれども、一つの社会は、資本主義、社会主義、コミュニズムのどれか一つによって染め上げられる(べきだ)という、この揶揄の(また、マルクス主義の)前提そのものが、冷戦崩壊とともに、失効したのではないか。だとすれば、こうした揶揄とセットで提示された「歴史の終焉」という断定に抗して、私たちは、足元にあるコミュニズムを再認し、また活性化しながら、いまだなき社会を今ある社会とは異なるものとしてつくることができるはずだ——。これもまた、本書における大澤の前提の一つだと思う。

大澤は、経済に関するグレーバーの右の三分類を念頭に置きつつも、三つをただ並べるのではなく、原初的な贈与関係からヒエラルキーへの転換がどうやって生じるのか、さらにそれが商品交換に転換する条件とは何かを考察しながら、グレーバーが十分に論じなかったこれら三つの動的な関係を明らかにしている。その点に本書のオリジナリティがある。

以下、本書での大澤の考察を、順にたどってゆこう。

第一章の冒頭で、次のように述べられる。人は、価値あるモノを獲得し、生産し、その上で、それらを他者たちに分配し、最後に消費する。この過程は、生産、交換(分配)、消費、の三つに分けられるが、大澤は二番目の交換(分配)を狭義の経済と定義する。ここに、最初の生産を重視するマルクス主義との違いがある。

大澤によれば、二番目の交換(分配)はさらに、贈与が支配的な様式と、商品交換が支配的な様式の二つに分けられる。後者の商品交換は、ジャンセニスムやA・スミスの経済学が前提とした、自己愛と互酬性にもとづく交換(私の欲しいものをください、そうすればあなたの欲しいものをあげましょう)である。他方、前者の贈与は、商品交換と同様、互酬性への傾向をもつ——「与える義務」「受け取る義務」に加え、マルセル・モースは贈与について「お返しの義務」を強調した——と同時に、互酬化を拒否する傾向をもつ。贈与は、見返りなしに与えるという要素ないし契機を有するかぎりにおいて、交換と区別される(でなければ、両者の区別は不要である)。この見返りなしに与えるということが、グレーバーの言うコミュニズムを支えてもいるはずだ。

その上で大澤は、本書を貫く二つの問いを立てる。第一に、贈与が支配的な交換様式は、どのようにして(純粋に互酬的な)商品交換に転換するのか、であり、第二に、そもそも、なぜ人は贈与するのか、である(大澤によれば、贈与は他の動物には見られない人間に固有の行動である)。

互酬性にもとづく交換か、それともこれを超えた贈与か、という第一の問いはさらに、正義とは何か、という問題とも連動する。古代ギリシアではテーミスと、古代ローマではイウスティティアと呼ばれた正義の女神は、その像を日本の司法機関等でも目にするが、彼女は片方の手に天秤をもっている(もう片方の手には処刑のための剣)。この女神が体現する正義は均衡を保つことであり、それは「目には目を」「歯には歯を」という周知の言葉で簡潔に表現される。互酬性がここでは正義の原型である。しかし、右の頬を打たれたら、左の頬を差し出しなさい、と説いたイエスは、互酬性を超えたところに正義を見出した。経済学では見失われたか、少なくとも見えづらくなった、互酬性を超えた贈与に注目することは、正義のかたちを問いなおすことでもあると大澤は言う。

第二章と第三章は、貨幣に関する考察である。

A・スミスは、貨幣を、対等な者どうしの交換を、より円滑にするための道具として、ひとまず理解した。貨幣がまだ存在しない状態では、私が欲しいものとあなたが欲しいもののマッチングは不可能に近かっただろうと空想しながら、スミスは次のように言う。「このような事態の不便さを避けるために、分業が最初に確立されたのち、社会のあらゆる時代のあらゆる慎慮の人は、自分自身の勤労に特有な生産物のほかに(…)たいていの人がそれとかれらの勤労の生産物とを交換するのを拒むまいとかれが考えるようなあれこれの一商品の一定量を、いつでも自分の手もとにもっているというようなしかたで、自分が当面する問題を処理しようと自然に努力したにちがいないのである」(前掲『諸国民の富(一)』一三四頁、傍点引用者)。

しかし、大澤はD・グレーバーの『負債論』等を参照しながら、貨幣の本質をこれとは全く別様に理解する。一言で粗雑にまとめるなら、貨幣とは負債の証であって、負債の消滅とともに消えてなくなりうるものである。逆に言えば、貨幣が消えてなくならず、流通しているかぎり、そこには負債(裏返せば、贈与)が残存し続けているのである。

たとえば、私が大澤真幸に対して何か恩義を負ったとする。その負債の証として私は、その旨を紙に書いて大澤に渡す。大澤は、自分の欲しいものを手に入れるために、それと交換にこの紙を誰かに渡し、その誰かもまた自分の欲しいものを手に入れるため、さらに別の誰かに、というふうに私のこの負債の証が流通してゆくとする。その証は一種の手形であり、私はそれを手にしている人が望めば、大澤に負っている恩義に相当することをその人に対しておこなうとしよう。もはや相手は大澤本人ではないが、私が恩返しに相当することを完了したら、私はこの負債の証をその場で破り捨てる。だが、それは貨幣の消滅に等しい。逆に言えば、負債の証(貨幣)が流通しているかぎり、大澤が私に与えた恩恵は見返りの(まだ)ない贈与として存在し続けることになる。

「負債としての貨幣」(本書、四五頁以下)という理解が正しければ、貨幣を用いた商品交換は、次のようにも解釈できる。表面的には、対等な者どうしの互酬的な交換の連鎖だけがあるように見えるが、その全体を貨幣が媒介しているなら、貨幣がその証である負債(誰かのまだ見返りのない贈与)がこの連鎖を下支えしている。すなわち、前述の二つの交換様式のうち、贈与が商品交換を支えていることになる。

貨幣に関する以上の私の説明は、しかし、やはり不正確だ。大澤が丁寧にたどっている諸段階をたどり直そう。

負債としての貨幣が流通すると言ったけれども、第三章で詳述されるその原初的な形態(原始貨幣)は、流通しない。つまり、それを他の第三者に譲渡して、自分の欲しいものを手に入れるということが許されない。原始貨幣は、犬の歯とかタカラガイで、それは儀礼的な意味合いをもつ相互行為、中でも婚姻の際に渡される。女性を嫁として迎える家族ないし部族が、その女性の元の家族や部族に原始貨幣を渡すのだが、もらった側がそれを用いて何かを買ったり、税を収めたりすることはできない。

もう一つ、原始貨幣の授受によって「この負債は返済不能である」ことが双方で確認される。原始貨幣を渡す側(女性を迎える側)はそういう覚悟で渡し、受け取る側(女性を送る側)も相手のその覚悟を確認して受け取る。原始貨幣のあらわす負債が返済不能ということは、つまり、その貨幣の価値(いくらに相当するか)が算定不能ということだ。だから、それは商品交換における貨幣のようには機能できないのである。

他方、原始貨幣と引き換えに女性を迎える側もその女性を好き勝手に扱うことはできない。原始貨幣を支払って、女性を「買った」以上、その女性をどうしようが、その人たちの勝手ではないか、と考えるようなことが、もしあるとしたら、それは商品交換の論理に毒されている証拠である。人類学者たちの反対によって禁止には至らなかったものの、一九二六年まで国際連盟において、原始貨幣、あるいは「花嫁代価」を奴隷制の一種として禁止することの是非が議論されたのは(前掲『負債論』一二〇〇頁)、逆に言うと、そのように考えてしまったからだ。

しかし、原始貨幣に関する制限が解除され、それが私たちの知る貨幣のように機能し始める場合がある。それは、迎えられる女性が奴隷の場合であり、大澤はそこに「原始貨幣から通常の貨幣への転換の予兆」を見る(本書、八一頁)。

ナイジェリア中部のティブ族では、ある男性が別の家族から女性を配偶者として迎えたら、今度はその男性の姉妹が相手の家族に嫁としておもむくのが理想とされていたが、それが不可能な場合は、束ねた真鍮棒が渡された。この原始貨幣は、市場での売買には決して使用されなかった。これを渡すことで女性を配偶者として迎えることも不可能ではなかったが、その場合も、真鍮棒で女性を「買う」ことはできず、女性を迎えた側は真鍮棒を受け取った側に対して無限の負債を負うとされた。

ところが、女性が襲撃によって遠い国から誘拐されてきた「奴隷」である場合は「買う」ことができた。グレーバーは言う。「人間経済において、なにかを売ることができるようにするには、まずそれを文脈から切り離す必要があるのだ。奴隷とはまさしくこれである。(…)新しい共同体にとってはよそ者であるから、奴隷には母も父もどのような親族もいない。だからこそ彼女たちは売り買いもできたし、殺害することさえできた」(前掲『負債論』二二二頁)。

他方、中世のアイルランドでは、負債の計算に「クマル」という貨幣単位が用いられたが、そのもともとの意味は「少女奴隷」である(同書、二五九頁以下)。たとえば、七クマルは少女奴隷七名を本来、意味した。アイルランドでは、キリスト教の影響もあって、六〇〇年ごろから奴隷制が非難され消滅していったにもかかわらず、このクマルという単位はその後もずっと用いられた。クマル(少女奴隷)という単位に見てとるべきは、第一に、女性の略奪という行為によって得られ、また高められる「男の名誉」である。第二に、クマルは原始貨幣の域を離れて、通常の貨幣の単位として機能し始めている。この二つから推し量れるのは、貨幣に支えられた商品交換と「家父長制」(男性の女性に対する支配)の結びつきである(本書、八七頁)。

本書を貫く二つの問いのうちの第一、すなわち贈与のシステムは、どのようにして商品交換のシステムに転換するかに対する答えが、ここまでで半分弱、与えられた。続く第四章では、第二の問い、そもそも、なぜ人は贈与するのか、についての答えが、所有と贈与の関係を論じることで与えられる。

所有を、あるものを自分の手元にとどめることと、贈与を逆に、あるものを手放すことと、それぞれ理解するなら、両者は一見、正反対であるように思える。

だが、実はそうではない、と大澤は言う。

「所有」を意味するローマ法の言葉の一つはdominiumだが、英語のdominationをそこに添えれば分かるように、それは「支配」と関係する概念でもある。D・グレーバーによれば、古代ローマの所有概念は奴隷制と不可分の関係にある。つまり、奴隷制という新しい人間関係(前述の「原始貨幣」や「花嫁代価」がそれとは全く別物である点に注意せよ)が人とモノの関係に投射されることで、所有という概念が生まれると同時に、それが逆に人と人の関係に投射されて、人をモノのように扱うことが正当化される。グレーバーはさらにdominiumの語源のdomus(家、世帯)をfamilia(家族)に重ねつつ、後者の語源のfamulusが「奴隷」という意味であることに注意を促し、所有という概念、奴隷制、家父長制の三つが、古代ローマでは一続きであると指摘する。大澤は、G・アガンベンに言及しながら、そこにさらに「主権」という問題を接続する。

奴隷制であれ、家父長制であれ、主権であれ、それらに結びつけて理解される所有の概念は、上から下への一方的な関係、大澤にならって言うなら「一方に能動性が独占されているような状態」をさす(本書、一〇四頁)。

しかし、本当にそうか、と大澤は問う。ヘーゲルが『精神現象学』で論じた「主人と奴隷の弁証法」は、支配者である主人が主人たりうるのは、奴隷が彼を主人として承認するかぎりにおいてであり、主人の方が奴隷に依存している、というものだった。また、國分功一郎が論じた「中動態」は、たとえば「母が死んだ」と能動で表現できる事態を「母に死なれた」と表現することであり、そこには、死んだ母と死なれた私という二つの主語(中心)があわさりつつ、能動と受動の両方を包含する楕円状態が出来する。

所有もそのように理解すべきだ、と大澤は言う。人は所有を「能動態によって記述できるような経験の極」に置きがちだけれども(本書、一〇七頁)、誰かが何かを所有しているという強い能動態は、別の誰かがその人に何かを所有されているという中動態として、さらに言えば、その別の誰かによる贈与に近い何かに支えられた事態として理解すべきではないか。そして、所有それ自体が何らかの贈与に支えられているなら、人は所有に立ち止まることなく、その最初の贈与に(M・モースが言ったように)お返しをする義務を有するのではないか。なぜ人は贈与するのか。それは、所有そのものが贈与によって基礎づけられているからであり、その最初の贈与が返礼という形の贈与を、所有を超えて基礎づけるからである。

第五章では、グレーバーが人間の経済の第三とした「ヒエラルキー」が論じられるが、その本題に入る前に、前述の二つの問いの第一(贈与が支配的な交換は、いかにして商品交換が支配的なものに転換するのか)が、再度、提示される。この問いには、贈与と結びついた前述の原始貨幣が、商品交換を可能にする貨幣にどうやって変貌するのかという問いが、表裏一体で張り付いている。

前述の、私の大澤に対する負債という例に戻ろう。その負債の証(貨幣)が流通し続けるためには、私は自分の、最初は大澤に対する、今では誰とも特定できなくなった人間に対する負債を、返してはならない。返した途端に、貨幣は消滅するからだ。しかし、私が自分の負債を返さなくてよいというのは、その負債に相当するものが私に与えられるということだ。たとえば、五百万円の借金が何もせず帳消しになるということは、五百万円もらうことに等しい。「本来は、貨幣の発行者の方に負債がある。それなのに、逆に、貨幣を使用し、流通させる者たちの方にもともと負債があったかのように、彼らは、貨幣発行者に対して贈与する」(本書、一二八頁)。商品交換を支える貨幣の正体が負債だとして、それが流通するためには「負債の意味を魔術的に逆転させてしまう超越的な他者」(一二九頁)が必要だと大澤は言う。

この他者はどうやって生まれるのか。ヒエラルキー的再分配の形成を通じて、である。

インドのカースト制度は、一方が他方よりも上位にあるヒエラルキーの典型であり、下位のカーストは上位に対して受け取ることなしにただ与え、上位のカーストは与えることなしに、ただ下位から手に入れているように見える。M・モースによれば、贈与は「与える義務」「受け取る義務」「お返しをする義務」の三つからなる。すなわち、ある程度の互酬性が求められる。与える義務は下位のカーストに、受け取る義務は上位カーストに、それぞれ課されているとして、三番目のお返しをする義務は、どこにあるのか。ある、と大澤は言う。下位のカーストが与えるのは、上位のカーストに対して負債があると感じているからで、下位のカーストの上位への贈与は、はじめから一種の「お返し」である（本書、一六一頁）。カースト制度では、互酬性（お返しの義務）が水平的にではなく、垂直的に組まれているが、それもまた再配分の一種と見なせる、と大澤は言う。

だが、下位と上位のカーストという二者関係だけでは、再配分のシステムは整わない。なぜなら、再配分は、誰かから奪ったものを（自分では消費せず）別の誰か与える営みである以上、そこで本来、求められるのは三者関係だからだ。

大澤は、M・モースの『贈与論』をめぐって議論されてきた「第三の人物の謎」という問題に注目する（本書、一六七頁）。マオリ族の社会では「タオンガ」と呼ばれる贈与品には「ハウ」という霊が宿っている。そして、マオリ族の人びとは、現実の贈与は二者間なのに、その二者を超えた目に見えない「ハウ」の力によって自分たちは贈与に駆りたてられているのだ、と説明するのである。親から子どもへのクリスマス・プレゼントが、サンタクロースからの贈り物とされる、私たちに身近な例も、それと同じだと大澤は言う。

このような第三者が出来することで二者間の贈与交換の集合から「中心をもつ再配分システム」が生成する。この第三者を大澤は、貨幣の流通を可能にする前述の「超越的な他者」に重ねる。

第六章では、原始貨幣とは異なる純粋な貨幣、すなわち商品交換と市場経済を支える貨幣の誕生が論じられる。ここで注目されるのは、硬貨の誕生で、世界最初のそれは紀元前六〇〇年ごろ、古代ギリシアで造られたとされている。

原始貨幣から、硬貨がその最初の形である純粋な貨幣への転換を、大澤の所論をふまえて私なりに説明すると、以下のようになる。大澤に対する私の負債(debt)の証を$d_1$、別の誰かの誰かに対する負債の証を$d_2$、$d_3$、等として、負債の証が$d_n$まであるとする。これらn個のdはそれぞれ、負債を負う者(債務者)、与えた者(債権者)を特定する。しかし、最初はばらばらな、これらの証すべてが、あるとき大文字のDなるものに単一的に統合されたとしよう。このDの誕生は、二者間の負債―贈与関係をすべて束ねる第三者の成立と同義であり、この第三者はまた、再分配を可能にする前述の第三者と重なる。そして、Dによって個々のdをいわば一つに溶解させるこの第三者の前で、dにはあった債務に関する情報も消滅する。その代わりに生まれるのは、各人が手にすることになる新しいDの正確な価値(いくらに相当するか)だろう。第三者がつかさどるこの新しいDにおいては、個々の債権者の情報(誰に返済すべきか)が消滅するのだから、返済も不可能になり、ゆえに貨幣の存続が保証される。他方、dを生み出した個々の贈与はすべて、今やDをつかさどる第三者に集中する。こうして「貨幣の使用者からその発行者への一方的贈与」(本書、一八三頁)が実現する。

このDが硬貨であり、それをつかさどる第三者は差し当たって、共同体の支配者である首長や王や皇帝として現出するが、その姿は徐々に抽象化してゆくと大澤は言う。古代ギリシアでは、神に捧げられる肉を焼いた鉄の串が、そのまま貨幣として用いられた(本書、一九三頁)。硬貨はその延長線上に誕生するというのだが、貨幣をつかさどる第三者はすでにこの段階で、人間から神に変わっている。また、支配者が一人から多数となる古代ギリシアの民主政も、この第三者の抽象化と関係していると大澤は考える。さらに大澤は、R・シーフォードとともに、古代ギリシアの哲学、悲劇、喜劇についても、これらを貨幣(硬貨)ならびに商品交換の誕生と相関させながら、知識社会学的に考察している。

経済の起源に関する考察は、貨幣、商品交換、そして市場経済(必要な財やサービスのほぼすべてが商品交換によって得られる状態)のための条件がそろうこの段階で中断されるが、最終章「結ばぬ結び」では、その後の展開と未来への展望が手短に述べられる。

二点あり、一つは、この後に登場し、私たちがまだそこにいる資本主義とは何かについてである。大澤によれば、市場経済はそのまま資本主義を意味しない。後者は前者を土台としつつ、貨幣への際限ない欲望が生まれ、またそれが一般化して初めて成立するが、その考察は本書に続く別の書に委ねられる。

もう一つは、来るべきコミュニズムのための、正義の互酬性原理からの解放が、いかにして可能かという問題だが、可能性の前にまずその困難が確認される。

D・グレーバーは、「人間だから、われわれは助け合うのだ」とだけ考え、「だれがなにをだれに与えたか計算したり記憶することの拒絶」に「真に人間であることのしるし」を見るグリーンランドのイヌイットに言及し(前掲『負債論』一一九頁)、彼らの「贈与は奴隷をつくる」という言葉に注目しながら、「コミュニズム的諸関係」が「実にたやすくヒエラルキー的不平等関係に変容してしまう可能性」に注意を促している(一七三頁)。グレーバーの指摘するこの危うさを、大澤は「純粋な贈与」の不可能性として論じている(本書、一二六頁以下)。

正義を互酬性の原理から解放することで、見返りを求めない贈与が出現するとしても、それは容易に不平等なヒエラルキーに変質しうる。それを回避するには平等の理念の把持が必要だが、互酬性はそのための原理でもあり、すると、人間の経済はグレーバーの言う第二の(商品)交換に閉じ込められ、コミュニズムへの回路は遮断されるか、少なくとも狭められる。互酬性とは異なる平等のしくみが必要となるが、それが可能だとしても、第二に、その規模という問題に行き当たる。互酬性とは異なる平等が、たとえば右のイヌイットの社会で実現されているとしても、それはその社会が非常に小規模だからではないか。それをはるかに超える大きな社会、さらにはすべての人を包摂するような社会で、互酬性とは異なる平等を確保しつつ、コミュニズムの諸関係を広げることなどできるのか。

大澤は、キリストの磔刑死を貫く論理に依拠しながら、互酬性を超えた、しかも普遍的な連帯にもとづくコミュニズムの可能性を開こうとする。その考察もまた別の書に委ねられるが、そのようなコミュニズムの道筋がすでに存在していることを、最後に私から一言しておきたい(ただし、その道筋をコミュニズムと呼ぶことについては異論もあろう)。

右のグリーンランドのイヌイットの話を、グレーバーはデンマークの探検家のピーター・フロイヘン(一八八六―一九五七)の著書から引いている。グリーンランドは、フロイヘンがそこで暮らした二〇世紀前半はデンマーク領で、当時の住民総数、約一万四千人の九割以上がイヌイットだった。そこでフロイヘンが見聞きしたことを下敷きに、グレーバーは狩猟民のコミュニズムについて語るのだが、注目すべきは実は、フロイヘンその人の方である。彼は本国のデンマークでは社会民主党員として活動し、一九三三年にナチが政権を握ってからはドイツからの亡命者支援にも関わり、四〇年にナチ・ドイツがデンマークを侵攻すると、レジスタンスに参加。逮捕され、死刑判決も受けたが、何とかスウェーデンに逃れた。

デンマークでは一八九二年に医療保険が、一九〇七年に失業保険がそれぞれ導入された。フロイヘンの社会民主党は一九二九年に政権に返り咲くや、社会保険制度のさらなる拡充に着手した。当時のデンマークの総人口は約三五〇万。時代は世界恐慌の最中である。

フロイヘンの社会民主主義のまなざしが、グリーンランドのイヌイットのコミュニズムをそれとして浮かび上がらせた、と言えないだろうか。M・モースの社会主義が、さまざまな社会の贈与のしくみを浮かび上がらせたのと同様に、である。

日本も含めて社会的な保険は、各人はその所得に応じて（保険料を拠出し）、各人にはその必要に応じて（給付する）という連帯原理によって運営されている。それは（アメリカで主流の）民間保険が依拠する原理、すなわち、各人は（所得に関係なく）そのリスクの高低に応じて、各人にはその保険料の支出額に応じて、という等価原理と全く異なる（拙著『社会学』岩波書店、七一頁以下）。そして、前者の連帯原理は、国家の市場への一定の介入を必要とする。そういう国家の役割を、グレーバーは過小評価しているように私は思う。彼の本国のアメリカは、いまだに社会権規約を批准していない、世界でも数少ない国の一つであり、このことをもってアメリカは福祉国家ではないとする研究者もいる。

社会保険一つとっても、コミュニズム的関係は一億人を超える社会においても可能であり、すでに存在している。いや、それだけの規模だからこそ、人は(フロイヘンが伝えるイヌイットの戒めどおりに)その恩恵に対して誰にも礼を言わないし、奴隷にもならない。問題は、社会保険等としてすでに存在するものを強化するのか、それとも衰弱させるのかだ。

(いちのかわ・やすたか　東京大学大学院教授)

# あとがき

私たちは、経済が人間の生のすべてではないことを知っている。人はパンのみにて生くるものにあらず、と。しかし同時に、現在の私たちは、経済を、生の(ほとんど)すべてであるかのように扱ってもいる。その証拠に、今日、政策といえば、何よりもまずは経済政策のことであり、経済から独立した政治に固有の領域はどんどん小さくなっている。人間の生のごく一部のようでもあれば、その全体でもあるようにも見える経済とは何であろうか。経済なるものを、起原から根本的に問うことが本書の目的であった。

具体的な問題意識については、第1章で詳しく論じたので、ここであらためて確認はしない。本文では歴史学や人類学から多くの事例を引いてきたが、本書の目的は、これらを通じて、「論理」を抽出することにあった。この点だけは、もう一度、強調しておきたい。

本書でも、カール・ポランニー以来受け継がれてきた「互酬的贈与／再分配／市場交換」という経済システムの三分類が踏襲されている。だが、私の主たる関心は、分類そのものよりも、これらの間の移行・変換がいかなる論理にしたがっているかを究明することにあった。なぜなら、移行・変換のダイナミズムを規定する契機を見出すことでのみ、これら三種を超えるシステム

(コミュニズム)への変革の可能性も見えてくるからである。

史的唯物論の図式では、経済的土台(生産様式)の上にイデオロギー的・政治的な上部構造が乗っている。この素朴な図式は批判されてきたが、それに代えて提起されてきたことも、「上部構造の(相対的)自律性」といったあいまいな概念であった。この不毛な対立に対して、本書は、経済が、史的唯物論の図式では上部構造に分類される観念の諸形態と一体化していること、そして経済そのものを通じて(政治的な)権力が内発していることを明らかにしてきたつもりである。このとき――本文で示してきた通り――、経済とは何か、ということの概念化自体が、史的唯物論のそれとは異なったものになっている。

＊

本書は、二〇〇九年末より、岩波書店の助けを借りて不定期で行われてきた「社会理論研究会」の成果のひとつである。研究会の、私以外のメンバーは、内田隆三さん、吉見俊哉さん、長谷正人さん、奥村隆さん、若林幹夫さん、市野川容孝さん、浅野智彦さん、北田暁大さんである。

このように名前を列記しただけですぐに理解していただけるように、いずれも、すぐれた業績をお持ちの一流の社会学者だ。私たちは、二十代の若い頃より、研究会、学会、大学院の演習、そして個人的な会話などを通じて、濃密な研究の交流をもってきた間柄である。ただ、それぞれが大学で職をもつようになると、時間のことを気にせず、自分の進行中の研究を、行き詰まっている部分をも含めてていねいに発表し、仲間から忌憚のない批判やコメントをもらう、といった機会が少なくなる。

社会理論研究会は、私たちを研究者として育ててくれたあの密度の高い学問的な討議の場を再びもちたいという思いから、始められた。年に数回、週末の午後、岩波書店の会議室をお借りし、数時間の研究会を行ってきた。基本的には、メンバーの中の一人が、そのとき取り組みつつある研究について、一時間半から二時間くらいかけて報告し、その後、全員で、その内容について討論するという、ごくシンプルな形式でなされた。毎回、議論が完全に尽くされるまで、会は続いた。ときには、メンバー外の研究者に報告していただき、まったく同じ形式で研究会を行ったこともある。お招きしたのは、——見田宗介先生の新著を討議したときを別にすると——全員、私たちメンバーよりもかなり若い優秀な研究者の方々である。

本書は、この社会理論研究会で私が発表した内容をもとにしている。研究会の仲間たちの批判やコメントなしには、本書は決して完成できなかった。本書だけではなく、今後出版される予定の、「クリティーク社会学」のシリーズの諸著は、いずれも社会理論研究会の成果の一部である。

本書には、研究会のメンバーの一人、市野川容孝さんが、ご自身の観点から本書の内容を紹介しつつ、発展させるすばらしい解説を寄せてくださった。解説は、言わば研究会の延長戦である。研究会では、この解説にあるような内容の深部につながるコメントが加えられ、またそれへの応答がなされた。

十二年もの間、一緒に研究会を続けてくださった皆さんには、心の底より感謝している。知的な探究心以外の野心を一切もたず、心ゆくまで批判しあう討議は、こんなにも愉しいものだったのか。若き日に感じた至福のときを、あらためて体験することができた。

そして、こんな勝手な研究会のために、場所を提供してくださった岩波書店には、心よりのお礼を申し上げたい。研究会には毎回、岩波書店の編集者の方が参加してくださった。とりわけ、山本賢さんは、休日の時間を使って、すべての研究会にご出席いただいた。研究会の実質的な運営者は山本さんで、山本さんの助けなしには、多忙をきわめるメンバーたちからなる研究会を、こんなに長い間、途切れることなく続けられなかった。山本さんには、何とお礼を申し上げたらよいのかわからないくらい感謝している。単行本に仕上げるにあたっては、大竹裕章さんにも編集の実務を担っていただいた。大竹さんの行き届いた配慮に大いに助けられた。

こうして研究成果をシリーズの一部として出版することができ、ようやく、岩波書店に恩返しすることができた。いや恩返しを始めることができた。

二〇二一年一一月二八日

富山県利賀村にて

大澤真幸

**大澤真幸**
1958年生まれ．社会学者．著書に『不可能性の時代』(岩波新書，2008年)，『自由という牢獄――責任・公共性・資本主義』(岩波現代文庫，2018年．河合隼雄学芸賞)，『ナショナリズムの由来』(講談社，2007年．毎日出版文化賞)，『新世紀のコミュニズムへ――資本主義の内からの脱出』(NHK出版新書，2021年)，『〈世界史〉の哲学』シリーズ(講談社)など．

クリティーク社会学
経済の起原

2022年1月13日　第1刷発行
2022年11月15日　第2刷発行

著　者　大澤真幸《おおさわまさち》

発行者　坂本政謙

発行所　株式会社 岩波書店
〒101-8002 東京都千代田区一ツ橋2-5-5
電話案内 03-5210-4000
https://www.iwanami.co.jp/

印刷・理想社　カバー・半七印刷　製本・松岳社


ISBN 978-4-00-027175-2　　Printed in Japan